LE CRIME
ÉLISABETH CAMPOS

LES ESSENTIELS MILAN

Sommaire

Questions de définition
Qu'est-ce qu'un crime ?	4-5
Un phénomène ancien et universel	6-7
Criminel-né ou non ?	8-9
La criminologie moderne	10-11
La victimologie	12-13
Le criminel : un individu mal connu	14-15
La criminalité française	16-17

Quelles explications ?
Les facteurs du crime (1)	18-19
Les facteurs du crime (2)	20-21
La mentalité criminelle	22-23
Le passage à l'acte	24-25

Aspects du crime
Les atteintes à la vie	26-27
Crimes sexuels et *serial killers*	28-29
La criminalité en col blanc	30-31
Les trafiquants	32-33
Les organisations criminelles	34-35
Le terrorisme ou le règne de la terreur	36-37
Le crime contre l'humanité	38-39

Lutter contre le crime
Statistiques et estimations	40-41
Le système pénal français	42-43
Police et gendarmerie	44-45
Les auxiliaires scientifiques	46-47

Crime et société
La mutation des valeurs	48-49
Les banlieues : la haine	50-51
Le sentiment d'insécurité	52-53
La crise de la justice pénale	54-55
Prévention ou répression ?	56-57
De l'écrit à l'écran	58-59

Approfondir
Glossaire	60-61
Bibliographie commentée	61-62
Index	63

Les mots suivis d'un astérisque (*) sont expliqués dans le glossaire.

Enquête sur le crime

Phénomène ancien, le crime est directement lié à l'activité humaine. Il présente la triste particularité d'être universel (toute société a ses criminels) et incessant (chaque époque, depuis la plus haute Antiquité, a son lot de crimes). Le crime n'a fait que tardivement l'objet d'études scientifiques. Ce n'est qu'au XIXe siècle, avec l'apparition d'une nouvelle discipline - la criminologie - que l'on commence à étudier ses causes, ses effets et son éventuelle prévention. Hélas, il n'en demeure pas moins d'une étonnante actualité au moment où les actes de violence et de délinquance augmentent et troublent l'opinion publique occidentale. La France est confrontée au défi posé par la criminalité.

La population éprouve un fort sentiment d'insécurité et les gouvernants sont à la recherche d'une parade efficace pour réduire ses effets. Aussi est-il utile de se pencher sur le crime.

Nous ne prétendons pas, dans cet ouvrage, être exhaustifs sur un sujet aussi complexe. Nous parlerons plutôt ici de phénomène criminel, concept plus large. Ce qui nous permet d'essayer de couvrir sous toutes ses facettes l'action criminelle et ses conséquences. Celles-ci sont variées et concernent autant la personnalité du délinquant et la façon dont il procède que la réaction de la société à son encontre.

Qu'est-ce qu'un crime ?

Si pour l'opinion publique le phénomène criminel semble aisément identifiable, en réalité ses contours restent flous.

L'avortement

En France, depuis la loi du 17 janvier 1975, l'avortement a été décriminalisé mais uniquement lorsqu'il est pratiqué dans les dix premières semaines de grossesse et si les formalités légales sont respectées. À défaut, il demeure punissable (art. 223-10 du Code pénal).

La loi et le crime

D'un point de vue juridique, le crime est avant tout associé à l'infraction*. Il est considéré comme le fait prévu et puni par la loi pénale en raison du trouble qu'il porte à l'ordre social. L'ordre social ne doit pas être confondu avec l'ordre moral, même s'ils furent parfois liés par le passé (autrefois le blasphème et l'hérésie étaient incriminés). En effet l'ordre social concerne les règles d'organisation sociale et les rapports entre groupes et individus, alors que l'ordre moral vise au respect des règles religieuses ou des préceptes moraux. L'ordre social ne doit pas non plus être confondu avec l'ordre juridique privé qui, lui, traite des rapports personnels entre les individus. Mais il peut exister des interférences. Ainsi, le fait de ne pas payer une pension alimentaire devient un délit (abandon de famille*).

Crimes, délits et contraventions

La classification légale traditionnelle entre crime, délit* et contravention* ne donne pas une définition générale du crime. Elle permet de différencier les infractions en fonction de la gravité de la peine encourue (nouveau Code pénal, 1994). Cette division est critiquée et certains juristes ont souhaité que lui soit substituée une classification qui tiendrait plutôt compte de la gravité de l'infraction ou de l'intention criminelle de l'auteur (par opposition aux infractions d'imprudence ou aux contraventions).

La lecture du Code pénal permet de constater que seuls les actes prohibés par la loi – assassinats, empoisonnements, viols, etc. – sont décrits minutieusement. Cette méthode permet de poursuivre plus sûrement des agissements répréhensibles alors qu'une définition plus large et universelle du crime ouvrirait la voie à des incertitudes juridiques.

Abolition de la peine de mort

En France, sous l'impulsion du garde des Sceaux de l'époque, Robert Badinter, la peine de mort a été supprimée le 9 octobre 1981. Avant son abolition elle était peu prononcée. Le dernier condamné à mort, Christian Ranucci, a été guillotiné le 28 juillet 1976 (dans la cour de la prison marseillaise des Baumettes).

Une violation des règles socioculturelles

La criminologie, que l'on a souvent qualifiée de « science du crime », s'est naturellement penchée sur ce problème de définition. Contrairement au langage juridique, elle ne fait pas de distinction entre crime et délinquance, et les emploie indifféremment. Pour le sociologue Émile Durkheim (*voir* ci-contre), le crime est un acte «heurtant les états forts de la conscience sociale». Ceci explique que si le crime engage la responsabilité de son auteur, la société ne peut pas rester indifférente à ce qui heurte profondément les convictions de ses citoyens. L'acte condamné doit cependant dépasser un certain degré d'importance et porter gravement atteinte aux valeurs socioculturelles essentielles du groupe. La conséquence directe de cette définition fait que l'appellation de crime dépend de l'état moral, social, culturel, économique ou politique d'une société.

Une société antique essentiellement agricole, par exemple, n'aura pas les mêmes valeurs ni les mêmes impératifs de protection qu'une société urbaine moderne. Les incriminations peuvent également varier selon les époques (en France, l'avortement a été décriminalisé*).

La sanction du crime

Les actes répréhensibles appellent une sanction, la peine, qui est différente selon la nature de l'infraction commise. Les peines criminelles (applicables aux crimes) sont, pour les personnes physiques (par opposition aux personnes morales – sociétés, certaines associations, etc. – dont les peines peuvent aller jusqu'à la dissolution ou la fermeture), la réclusion et la détention criminelle à perpétuité ou à temps. Ces deux peines peuvent comporter une peine de sûreté* si la loi l'a prévue. Les peines correctionnelles (punissant les délits) comprennent les peines d'emprisonnement (durée maximale de dix ans), les amendes (minimum de 25 000 F), les jours-amendes, le travail d'intérêt général (qui consiste pour le condamné à accomplir au profit d'une collectivité un travail non rémunéré). Elles comprennent aussi les peines privatives ou restrictives de liberté (suspension du permis de conduire, de chasser ou certaines confiscations – de véhicules, d'armes, etc.) et, enfin, les peines complémentaires (fermeture d'un établissement, affichage d'une décision, déchéance d'un droit…). En ce qui concerne les contraventions, le législateur a exclu l'emprisonnement. Demeurent là, comme sanctions, les peines privatives ou restrictives d'un droit ainsi que les amendes (dont le maximum est de 20 000 F).

Émile Durkheim

Esprit éclectique, Durkheim (1858-1917) fut professeur à la Sorbonne et s'intéressa à la sociologie. Il est d'ailleurs considéré comme le père fondateur de l'école sociologique française. Il s'est investi tout à la fois dans la sociologie de la famille et de la morale, l'étude du suicide, l'analyse des relations de travail, la sociologie criminelle. Il a encore une influence importante sur les sciences sociales.

> Le fait criminel est une réalité mais sa définition précise est délicate. Il entretient des rapports directs avec l'ordre social donné d'une société et les valeurs communément admises par celle-ci.

Un phénomène ancien et universel

Le crime existe depuis des millénaires et on le retrouve dans toutes les civilisations.

Le crime est vieux comme le monde

Le crime est un phénomène constant car il est présent dans toutes les périodes de l'Histoire. La Bible, déjà, en donne de nombreux exemples. Caïn peut être considéré comme l'un des plus anciens criminels connus de l'histoire.

Pour les sociétés archaïques, le concept de justice est très abstrait. Chez elles, la peine encourue pour un délit consiste, essentiellement, dans le fait de se débarrasser d'un individu qui cause un préjudice à la communauté. Pour ces sociétés, n'est considéré comme crime que ce qui touche la famille, la tribu ou le clan. Le vol ou le meurtre d'un étranger n'entraînent aucune réprobation de la part du groupe. À l'intérieur de celui-ci toutefois, l'homicide est considéré comme grave.

Mais une réserve doit être faite quant à l'infanticide des filles – souvent toléré – et la suppression des vieillards, considérés parfois comme des bouches inutiles.

Les sacrifices humains à finalité religieuse sont également permis.

« *L'œil était dans la tombe* »

Caïn tua son frère Abel (*voir* gravure ci-dessus). La Bible reste muette sur ses raisons profondes mais la jalousie est le mobile* le plus souvent retenu. Confondu après le meurtre d'Abel, il fut condamné par le Tout-Puissant à errer de par le monde avec ses remords.

Un phénomène universel

À ce premier caractère s'en ajoute un autre : l'universalité. Des actes criminels sont commis dans toutes les civilisations, tous les pays. Cela montre que le crime est un phénomène directement lié à l'activité humaine. Mais si la criminalité se retrouve dans toutes les sociétés (présentes et passées), elle n'est pas pour autant uniforme. L'ethnologie, l'histoire, montrent, au contraire, qu'il existe des différences selon les cultures. Si l'internationalisation de la criminalité est un fait réel, elle ne gomme pas pour autant certaines différences.

Mais certaines spécificités culturelles demeurent

L'évolution des sociétés ou la spécificité de chaque peuple ou civilisation ont naturellement leur importance sur la détermination des comportements prohibés par la loi.

Dans les pays en voie de développement, il existe une criminalité liée à la culture traditionnelle de ces pays. Ainsi, dans certaines sociétés africaines, la magie, pourtant à l'origine d'empoisonnements et de délits sexuels (viols), subsiste. Le mode de vie pastoral entraîne le vol de bestiaux. Mais, liées à l'urbanisation des villes et au progrès technique, des formes nouvelles de criminalité sont également apparues. Le trafic de drogues à destination des pays occidentaux, par exemple, est un autre aspect de la criminalité ayant cours dans les pays en voie de développement.

En ce qui concerne les pays anciennement communistes, on pouvait noter aussi que bon nombre des infractions étaient liées aux structures économiques propres à ces États. L'atteinte à la propriété socialiste, la corruption de fonctionnaires (tout comme les délits d'abus de pouvoir ou de fonction), le détournement des circuits de distribution habituels, liés à la pénurie et au rationnement, étaient considérés comme des crimes.

Les anciens et les modernes

Dans les pays occidentaux, l'industrialisation intensive et le développement technique ont conduit à une évolution de la structure de la criminalité sans que pour autant les formes les plus anciennes (atteintes aux biens notamment) diminuent.

Les techniques récentes et la transformation des modes de vie ont entraîné l'apparition de nouvelles formes de délinquance comme le piratage informatique.

« *Les sociétés ont les criminels qu'elles méritent.* »
Pr Alexandre Lacassagne (1884-1961).

Le phénomène criminel est ancien, constant et universel. Mais il existe une relation étroite entre la criminalité et le type de société dans laquelle elle se développe.

Criminel-né ou non ?

La période préscientifique constitue la genèse de la criminologie. On peut retenir 1876, avec la publication de *L'Homme criminel*, comme date de la création de la criminologie.

Navigation à vue

Pendant des siècles, le crime n'a jamais été étudié de manière empirique et systématique. Les gouvernements tentaient de résoudre les problèmes liés à la criminalité sans connaître exactement les causes de ce phénomène et la personnalité des criminels, ni pouvoir apprécier la portée et l'efficacité des mesures prises. La répression dominait. Ce qui ne veut pas dire que ce fait social ne préoccupait personne, bien au contraire.

Une réflexion avant tout morale et religieuse

Le théâtre et la littérature s'intéressent depuis longtemps au crime. Des théologiens (saint Augustin, 354-430, par exemple) et des philosophes (Platon, 428-348 av. J.-C., Montesquieu, 1689-1755, Voltaire, 1694-1778) se sont penchés sur la nature et les conséquences du phénomène criminel. Mais leurs réflexions ont surtout tourné autour des notions de responsabilité et de libre arbitre de l'individu.

Le premier à avoir voulu penser le phénomène criminel hors de toute considération morale semble être l'écrivain anglais Thomas More (1478-1535). Mais sa réflexion est isolée et il faut attendre le XVIIIe et surtout le XIXe siècle pour voir naître une approche plus réaliste et scientifique de la criminalité.

Le criminel-né

À la suite de l'autopsie du bandit calabrais Villela et de l'examen de nombreux crânes de criminels, l'Italien Cesare Lombroso (1836-1909) élabora sa théorie du criminel-né. Celui-ci présenterait, selon lui, dès sa naissance, un certain nombre de traits ataviques. Il systématisa ses concepts dans son ouvrage, *L'Homme criminel*.

Des criminels bien reconnaissables

Selon Lombroso, il existerait un type criminel reconnaissable à des traits physiques, anatomiques et fonctionnels. Ainsi, le violeur se distinguerait par la longueur de ses oreilles et de son menton, ses yeux obliques et rapprochés, l'écrasement de son crâne et son nez épaté. Le meurtrier, lui, serait affligé d'une étroitesse du crâne, de pommettes saillantes ou de maxillaires trop longs. Au niveau psychologique, le trait essentiel du criminel-né est l'insensibilité psychique, qui entraîne l'absence de scrupules et de sentiments comme la compassion ou la pitié.

Sa typologie s'inscrit dans un système scientifique se référant à la théorie de l'évolution du naturaliste anglais Charles Darwin (1809-1882).

La conception anthropologique* de Lombroso repose sur le postulat qu'il existe un type de criminel reconnaissable à des signes particuliers ou des stigmates déformatifs, héritage du sauvage primitif. Il estime que le criminel-né se conduit comme on le faisait au début des temps, à une époque où le crime n'était pas considéré comme anormal. Par contre, toujours selon Lombroso, ces signes ne se retrouvent ni chez « le criminel de génie » – celui qui a créé de nouvelles formes de crimes, véritable inventeur du mal – ni chez la femme.

La naissance de la criminologie

Lombroso fonde une nouvelle discipline, la criminologie, avec l'aide d'une équipe pluridisciplinaire (appelée l'école italienne), dont font partie deux autres criminologues réputés : le sociologue et professeur de droit Enrico Ferri (1856-1929), et le magistrat Raffaele Garofalo (1851-1934). Ferri classe l'homme criminel dans une typologie générale des criminels et Garofalo forge le concept d'état dangereux*.

Cette école italienne est influencée par les idées positivistes d'Auguste Comte (1798-1857). Elle estime que la société a pour devoir de se défendre contre le crime.

C'est à ce moment qu'apparaît la notion de défense sociale, dont la priorité est la protection de la collectivité. Toutefois, même si ces pénalistes ont fait œuvre de précurseurs et ont mis en avant la nécessité d'étudier la personnalité du criminel, la plupart de leurs théories – et notamment celle du criminel-né – sont aujourd'hui sujettes à critiques et n'ont surtout qu'une valeur historique.

Le libre arbitre

La notion de libre arbitre a été maintes fois discutée en criminologie et en droit pénal pour expliquer les comportements criminels. Plus généralement, la question est de savoir si l'être humain est libre d'agir ou si ses décisions sont déterminées par des causes physiques ou sociales. La responsabilité du criminel ou du délinquant en est évidemment tributaire.

Ci-contre :
Cesare Lombroso

La criminologie se donna pour tâche l'étude scientifique du phénomène criminel. Mais il faut attendre le XIXe siècle pour que cette discipline émerge véritablement.

La criminologie moderne

Du « criminel-né » du XIXe siècle aux théories modernes, la criminologie n'a cessé d'évoluer et de couvrir de nouveaux champs de recherches.

L'école de Chicago
Elle désigne l'ensemble des recherches sociologiques conduites entre 1915 et 1940 par des membres de l'université de Chicago. Elle se caractérise surtout par la recherche empirique et marque un tournant avec l'impact nouveau de la sociologie sur la société. Ses représentants ont consacré de nombreux travaux à la ville et à l'immigration.

Les développements ultérieurs

L'école italienne connaît un succès certain au début du siècle avant de céder en importance à la sociologie criminelle, centrée elle, sur l'étude de la criminalité. Après les travaux d'Enrico Ferri (1856-1929), on peut considérer le professeur Alexandre Lacassagne (1884-1961), les sociologues Gabriel Tarde (1843-1904) et Émile Durkheim (1858-1917), comme les fondateurs de la sociologie criminelle. L'analyse ne repose plus alors, uniquement, sur l'individu mais plutôt sur les mécanismes sociaux (industrialisation, migrations, contrôle social au sein de l'école ou du travail…) et leurs conséquences sur le crime. Cette conception connaît de grands développements aux États-Unis, dans la première moitié du XXe siècle (école de Chicago).

Une évolution tourmentée

Jusque dans les années 1960, la criminologie a été considérée comme la discipline ayant pour but d'expliquer le phénomène criminel. Or, depuis plus d'une vingtaine d'années, une véritable révolution s'est opérée au sein des chercheurs.

Les « nouveaux » criminologues assignent alors à cette discipline non plus l'étude des causes et le processus du passage à l'acte (*voir* pp. 18-19) mais l'analyse des mécanismes de réaction de la société. Mécanismes qui vont de l'établissement de la loi pénale à son application, sans oublier le fonctionnement de la justice et de la police ou encore l'impact des médias. Leur objectif est de montrer comment la justice criminelle et la société « créent » la délinquance. Selon cette théorie (qui s'est développée au départ en Angleterre et aux États-Unis), la société accole à

La criminologie
« (…) science qui étudie les facteurs et les processus de l'action criminelle et qui détermine, à partir de la connaissance de ces facteurs et de ces processus, les moyens de lutte les meilleurs pour contenir et si possible réduire ce mal social. »
Pr Raymond Gassin, *Criminologie*, 1994.

des individus l'étiquette de « déviants » – par rapport à la norme générale – ou de délinquants et ceux-ci réagissent en fonction de cette étiquette. Il y a une stigmatisation sociale (casier judiciaire, interdiction de séjour, mode de vie montré du doigt, etc.) par les institutions officielles (police, justice, administration pénitentiaire…). En conséquence, ces individus finissent par accepter cette « étiquette » et se comportent en fonction du rôle (délinquant) qui leur a été assigné.

Cette approche, qui a donné lieu à de violentes critiques contre la société et le système judiciaire, a été elle aussi critiquée. Cela dans la mesure où le crime ne paraît pas alors exister en lui-même mais ne se comprend que par rapport à l'« étiquetage » des individus.

Ces controverses ont naturellement eu des répercussions au niveau de l'analyse des causes de la criminalité et des moyens de lutte puisque l'accent n'est pas toujours mis sur les mêmes priorités (*voir* pp. 56-57).

Une matière multidisciplinaire

La criminologie se veut non seulement une discipline purement théorique mais elle entend aussi répondre d'une manière pragmatique aux défis lancés par la criminalité. Pour cela, la criminologie fait appel à différentes sciences. L'étude générale du crime demande des connaissances dans des domaines variés, pouvant expliquer le comportement humain, évaluer les évolutions et les réactions de la société, décrire les nouvelles techniques de lutte contre la criminalité, etc. C'est pour cette raison que la criminologie fait appel, entre autre, à la biologie, à la psychologie, à la sociologie ou encore à l'anthropologie*.

L'envers de la médaille réside dans le fait que les progrès de la criminologie dépendent des développements de ces matières. Par ailleurs, la criminologie étant une science humaine, le phénomène criminel ne peut être l'objet d'expérimentation reproductible comme cela est le cas avec les sciences exactes. Il est impossible, par exemple, de reproduire une situation entraînant un crime.

> La pensée criminologique a évolué au fil des années. Au XIXe siècle et au début du XXe, elle est surtout fondée sur la personnalité du criminel. Ultérieurement, sans renier cet axe, elle s'est davantage préoccupée des mécanismes sociaux et du fonctionnement de la justice pénale.

La victimologie

Le criminel a toujours été au centre des études criminologiques et du débat pénal. Mais il faut attendre les lendemains de la Seconde Guerre mondiale pour que la victime bénéficie des mêmes attentions.

La constitution de partie civile

La victime peut porter plainte devant les services de police ou de justice, ou saisir directement une juridiction répressive en se constituant partie civile. Cette action peut être principale, lorsqu'elle met en mouvement l'action publique, ou accessoire lorsque l'auteur est déjà poursuivi. La victime peut de la sorte être tenue informée des suites du procès ou de l'instruction, demander des expertises ou la réparation de son préjudice.

Prise en compte des victimes

La victimologie est une discipline relativement récente, née peu après la Seconde Guerre mondiale. Ses fondateurs sont les criminologues von Henting et Mendelhson. Issue de la criminologie, elle tend actuellement à avoir une existente autonome. Elle est généralement entendue comme l'étude scientifique des victimes et des répercussions que l'acte antisocial a eu sur elles. D'un point de vue légal, la victime est l'individu qui a été lésé au regard de la loi et qui, par conséquent, est en droit de demander une réparation. L'étude des victimes a permis de mettre en lumière le rôle secondaire que la victime joue dans le procès pénal, mais aussi le fait que son préjudice, tant physique que moral ou financier, n'avait pas été suffisamment pris en compte jusqu'alors. Sa place dans le procès pénal n'a d'ailleurs été que timidement reconnue par la loi du 22 mars 1921, loi qui lui permet de se constituer partie civile. Depuis, ses droits ont été affirmés avec plus de force.

L'aide et l'indemnisation des victimes

En France, l'indemnisation des victimes a été améliorée par la loi du 3 janvier 1977 qui ouvre à la victime un droit à la réparation du dommage subi. Des services d'aides aux victimes ont été créés à partir de 1983 pour rendre plus effective cette indemnisation. Il existe maintenant un grand nombre d'associations qui s'occupent d'accueillir les victimes.

Depuis 1986, elles ont été réunies au sein de l'INAVEM (Institut national des associations d'aides aux victimes et de médiation), un organisme chargé d'évaluer les missions d'aides aux victimes et d'en assurer la coordination.

Une meilleure écoute

Cette assistance ne comprend pas uniquement la réparation financière du préjudice subi mais passe aussi par une meilleure écoute des doléances des victimes, l'administration de conseils juridiques (ou concernant leur vie quotidienne), un accompagnement psychologique. Les victimes présentent en effet souvent d'importants problèmes psychologiques et, dans les infractions les plus graves, un sentiment dépressif et des difficultés à reprendre le cours normal de leur vie.

La réparation de la victime peut également passer par sa collaboration à la détermination de la sanction appliquée au délinquant ou à l'apaisement de la situation en participant, chaque fois que cela est possible, à une médiation pénale entre elle et l'auteur du dommage. La médiation pénale est une alternative à la sanction pour des infractions peu graves. Elle a été mise en place en France au début des années 1980 par Robert Badinter, après le succès d'une expérience québécoise. L'accord de la victime est obligatoire. L'infraction peut être classée sans suite par le parquet* si le délinquant et sa victime parviennent à un accord, qui peut consister en une indemnisation du préjudice subi à la suite d'un coup ou d'un vol, ou en la remise en état d'un lieu après sa dégradation. Parfois, des excuses suffisent à la victime, qui se voit ainsi reconnue dans sa qualité.

Une nouvelle discipline au champ large

La victimologie a mis en évidence les relations complexes qui peuvent parfois exister entre la victime et son agresseur (rixe, violence conjugale, parricide…). Les victimes jouent parfois même un rôle actif dans leur propre dommage (infractions routières). Enfin, les études de victimisation ont permis de mieux comprendre les mécanismes de passage à l'acte des infractions. Elles ont permis également d'élaborer des campagnes de prévention destinées à informer le public sur certains risques ou comportements dangereux (auto-stop, alcoolisme notamment).

Les enquêtes de victimisation

Elles consistent à interroger un groupe de personnes sur les infractions dont elles ont été victimes. Elles ont principalement pour but de connaître le volume de la criminalité et les mécanismes de renvoi ou de classement des plaintes.

Discipline nouvelle, la victimologie prend en compte un acteur important du débat pénal et qui, jusque-là, avait été négligé par les études et les lois : la victime.

Le criminel : un individu mal connu

Les statistiques et les études ont permis de cerner plus précisément la personnalité du délinquant. Mais des incertitudes demeurent encore.

Quelques chiffres

Sept criminels sur dix environ n'ont pas dépassé le niveau d'instruction primaire, 10 % sont illettrés. D'autres études ont montré que le niveau d'instruction d'un détenu homme ne dépassait pas celui d'un élève de cours élémentaire de 2e année, et d'un cours moyen chez les détenues femmes.

Une affaire d'hommes

Il ressort des statistiques quelques caractéristiques communes aux délinquants, qui sont essentiellement des hommes (85,50 %) – c'est une constante ancienne qui ne connaît pas de variations majeures.

En revanche, les femmes semblent plus nombreuses dans la commission de certains délits tels que les infanticides, les chèques sans provision ou les coups à enfants. Peu d'études ont été faites sur cette disparité hommes-femmes observée.

Certaines explications avancent des caractéristiques biologiques (puberté, règles, grossesses, ménopause). D'autres, sociologiques, se fondent sur le rôle de la femme qui, jusqu'aux années 1960-1970 (début de son émancipation), restait au foyer et s'occupait des enfants et avait donc moins d'opportunité de commettre des infractions.

Des hommes, oui, mais jeunes

Une autre caractéristique tient à l'âge.

On relève ainsi que la plupart des délinquants ont moins de trente ans. Autre constat, deux condamnés sur cinq appartiennent à la catégorie dite « jeunes adultes » (18-25 ans).

La proportion des mineurs délinquants, elle, est plus faible mais on assiste toutefois à un accroissement constant de son taux.

L'activité criminelle décroît chez les plus trente ans et accuse une baisse sensible chez les individus à partir de quarante ans. On explique généralement ces différences par le fait que l'homme atteint le maximum de sa vitalité physique vers vingt-cinq ans alors que la maturité intellectuelle et morale n'est atteinte que plus tardivement.

La part des étrangers

La nationalité des délinquants est une autre caractéristique intéressante mais c'est aussi une donnée délicate à manier en raison de la forte charge émotive qu'elle véhicule. En France, la criminalité des étrangers est importante par rapport à leur représentation dans la population. Parmi ces délinquants étrangers, la grande majorité est originaire des pays du Maghreb. Les délits qu'ils commettent sont essentiellement l'atteinte aux biens, le trouble de l'ordre public et le trafic de stupéfiants.

Degré d'instruction des délinquants

Le degré d'instruction des délinquants est en général faible et les statistiques confirment la corrélation qui avait été faite très tôt entre le niveau d'instruction et la commission d'actes illégaux. Mais l'obligation actuelle de scolarisation jusqu'à 16 ans n'a pas entraîné de diminution sensible de cette tendance.

En outre, les délinquants viennent souvent de milieux défavorisés, ce qui accentue leur tendance à passer à l'acte. Des études ont montré que certaines catégories de la population française sont surreprésentées chez les délinquants : les individus sans activité professionnelle, les manœuvres, les ouvriers et les personnels de service. Par contre, les cadres et les professions libérales sont peu représentés. Il n'en demeure pas moins qu'il existe une criminalité « en col blanc » qui se développe (*voir* pp. 30-31).

Le degré d'instruction

Il a une influence sur le type d'infraction commise. Les délits d'astuce par exemple (par opposition aux délits violents tels que le vol), ou incluant de nouvelles technologies, sont plus le fait d'individus ayant un bon cursus scolaire voire universitaire.

« *Ouvrez une école, vous fermerez une prison.* »
Victor Hugo.

Infractions et nationalité

Nature des infractions	Français en %	Français en %
Vols	29,87	39,84
Infractions économiques et financières	8,10	13,85
Crimes et délits contre les personnes	10,15	17,60
Infractions à la législation sur les stupéfiants et contre la paix publique et réglementations	51,86	28,69
TOTAL	99,98	99,98

Sources : statistiques de police judiciaire, 1994

Les études les plus récentes ont montré que globalement le délinquant est avant tout de sexe masculin, jeune et issu des classes défavorisées.

La criminalité française

Les études criminologiques et les statistiques concernant la criminalité donnent des informations utiles concernant le volume, la nature et l'évolution de la criminalité en France.

Une délinquance en augmentation

Les études réalisées sur la criminalité en France corroborent les analyses globales effectuées dans les pays occidentaux. On constate depuis les années 1950-1960 que le volume des infractions commises est en augmentation constante. Les seules exceptions notables sont Israël et le Japon, dont la criminalité a connu une tendance inverse.

Le taux de criminalité de la Suisse est resté également assez stable pendant cette période (études du criminologue Ted Gurr sur la criminalité occidentale de 1945 à 1974). La plus grande force des contrôles sociaux habituels (morale, discipline, coutume…) dans ces pays a été mis en avant mais elle ne peut pas expliquer à elle seule cette caractéristique.

En France, si l'on se réfère à la période 1975-1990, on relève que le taux de progression des faits délictueux est de 1,82. Taux qu'il faut mettre en parallèle avec celui de progression de la population française qui est de 1,07 seulement.

De 1985 à 1987, le volume a diminué provisoirement, affectant surtout la grande criminalité.

Il faut aussi constater que dans le même temps, le taux d'efficacité de la police – élucidation des affaires – a diminué (*voir* pp. 44-45).

Quelques statistiques

Sur la nature des faits constatés en 1994, on peut relever les chiffres suivants : 65,65 % concernent les vols (y compris les recels), 18,63 % sont des infractions à la législation sur les stupéfiants, à la paix publique et autres réglementations, 11,23 % sont des escroqueries et des infractions économiques et financières. Enfin, 4,47 % concernent les crimes et délits contre les personnes. Ces infractions graves ont causé la mort de 1 072 personnes.

Nature des faits constatés en 1994

- 65,65 % — Vols y compris recels
- 18,63 % — Infractions à la législation sur les stupéfiants, la paix publique et autres réglementations.
- 11,23 % — Escroqueries et infractions économiques et financières.
- 4,47 % — Crimes et délits contre les personnes

Prépondérance des atteintes aux biens

La majorité des infractions relèvent des atteintes aux biens (vols, escroquerie*, abus de confiance*, etc.). Les crimes contre les personnes sont plus faibles. Ce point est important quand il s'agit d'évaluer dans la population, la peur du crime et l'insécurité (*voir* pp. 52-53). On constate que, même si les atteintes à la vie et à l'intégrité physique des individus sont les moins nombreuses, le volume important de la délinquance contre les biens provoque des tensions et des craintes dans la population. Ce sont ces agissements qui sont les plus nuisibles au tissu social et qui provoquent le plus de désagréments aux citoyens.

Source du tableau précédent : *Aspects de la criminalité et de la délinquance constatées en France en 1994 par les services de police et de gendarmerie d'après les statistiques de police judiciaire*, Éditions la Documentation française, 1995

Montée de la violence

L'augmentation générale de la violence participe à ce sentiment d'insécurité. Cette violence se rencontre aussi bien dans les relations interpersonnelles privées (femmes battues, maltraitance à enfants) que dans la sphère sociale (racket à l'école, agressions dans les transports publics, rébellion à agent de la force publique, dégradations de lieux publics). Ces violences peuvent également ne pas être dirigées seulement contre des personnes: le jet de pierres contre une voiture ou une vitre a été qualifié de violence par les tribunaux.

Une « loi » discutable
La loi de passage de « *la criminalité violente et musculaire* » à une criminalité rusée et plus intellectuelle posée par Enrico Ferri au XIXe siècle n'est pas confirmée par les statistiques.

Autres infractions

Les infractions à la législation sur les stupéfiants sont également en progression. En outre, elles entraînent la commission d'autres actes répréhensibles comme les cambriolages de pharmacies, la fabrication de fausses ordonnances médicales, les vols pour se procurer les fonds nécessaires à l'achat de la drogue.

Il y a aussi toutes les infractions liées directement au trafic de stupéfiants (*voir* pp. 34-35). Depuis plusieurs années, un débat s'est instauré sur l'éventuelle dépénalisation des drogues douces (marijuana, haschich, cannabis…), opposées aux drogues dures (héroïne, cocaïne, opium…) jugées plus dévastatrices pour l'organisme humain. On peut également constater un taux important – 30,63 % en 1993 – d'infractions à la réglementation de la circulation routière (excès de vitesse, conduite en état d'ébriété…).

> Les statistiques montrent que la criminalité n'a cessé d'augmenter ces vingt dernières années. Les formes de délinquance se concentrent essentiellement sur les atteintes aux biens et les infractions à la législation sur les stupéfiants.

Lutter | Crime et société | Approfondir

Le crime

Les facteurs du crime (1)

Pourquoi un individu commet-il un crime ou un acte de délinquance ? Depuis des siècles, les philosophes, les juristes et les criminologues se sont interrogés.

Les causes de la criminalité

Les déterminer revient à pouvoir influer sur elles et prévenir toute commission ou récidive.

Les intérêts de la recherche

Outre l'aspect purement philosophique sur la nature de l'être humain et de son libre arbitre, cette recherche présente plusieurs intérêts. Elle va permettre de mieux connaître la personnalité du délinquant, d'expliquer le pourquoi de son geste, puis de pouvoir prononcer une sanction adaptée à chaque cas particulier. Mais surtout, elle est importante au niveau du traitement de la criminalité et de l'élaboration d'une politique criminelle (*voir pp. 56-57*). Celle-ci vise à mettre en œuvre une stratégie globale pour répondre aux situations criminelles ou de délinquance.

Les limites de la recherche

Ne nous leurrons cependant pas. Même si de nombreuses explications, certaines très pertinentes, ont été proposées, elles n'ont pas permis pour l'instant d'établir un traitement efficace de la criminalité. Les facteurs prédisposant à un acte criminel sont multiples et la personnalité du délinquant joue un rôle important. En conséquence, chaque individu n'aura pas la même attitude dans une situation donnée, ce qui, naturellement, empêche toute généralisation.

Par ailleurs, il faut admettre que la criminalité est un phénomène naturel qui, selon le sociologue Émile Durkheim (1858-1917) est « *lié aux conditions fondamentales de la vie sociale* ». Il est donc utopique de penser pouvoir en résorber totalement le volume.

Multiplicité des facteurs criminogènes

Les facteurs susceptibles d'expliquer le phénomène criminel sont à rechercher dans la personnalité physique ou mentale du criminel (causes endogènes) mais également dans le milieu dans lequel il évolue (causes exogènes).

Plusieurs classifications des facteurs criminogènes ont été proposées. La plus communément admise distingue les facteurs biologiques (âge, aptitudes physiques), psychologiques (traits de caractère) et sociologiques (milieu social, familial).

Les causes internes à l'individu

Parmi les facteurs endogènes (biologiques et psychologiques), il faut distinguer les caractères acquis et ceux qui semblent innés. Dans cette dernière catégorie, il convient de prendre en compte l'hérédité pathologique et sociale de l'individu. Certains peuvent montrer des signes de maladie mentale ou des difficultés d'adaptation dès leur plus jeune âge (épilepsie ou débilité mentale). Dans cet ordre d'idées, l'influence des anomalies chromosomiques a été soulevée mais les études menées sur le sujet n'ont pas été déterminantes. Le sexe peut parfois être pris en compte dans la commission de certaines infractions. Par exemple l'infanticide serait plutôt commis par des femmes et le proxénétisme par des hommes.

Le caractère acquis a pu l'être de façon volontaire (prise de stupéfiants, alcoolisme) ou involontaire, causé par l'évolution psychologique de l'individu – passage de l'adolescence à l'âge adulte, ou au contraire, senescence (évolution vers la vieillesse).

> « Le problème est d'admettre que le crime ne peut être supprimé et que la tâche de la criminologie n'est pas de découvrir toutes les causes de la délinquance, mais de donner aux gouvernements les moyens d'une politique criminelle qui permette de réduire la criminalité à un niveau que je pourrais dire raisonnable. »
>
> **Manuel Lopez Rey, ancien conseiller des Nations unies pour la prévention du crime.**

Rechercher les causes de la criminalité est une ambition humaine ancienne. Mais les facteurs susceptibles de l'expliquer sont variables, multiples et ils interagissent entre eux, donnant des situations particulières dans chaque cas.

Les facteurs du crime (2)

L'homme est essentiellement un être social. Il est donc influencé par le milieu dans lequel il évolue, qu'il soit familial, économique ou géographique.

Manque d'affection
Il ressort de la plupart des études criminologiques qu'un grand nombre de délinquants – notamment les plus dangereux – ont souffert d'un manque d'affection.

Influence prépondérante du milieu d'origine

La famille d'origine influe directement dans la formation de la personnalité du délinquant. Les carences éducatives y jouent un grand rôle, laissant l'individu désarmé ou mal préparé pour affronter certaines situations. L'affaiblissement du rôle de la famille dans nos sociétés modernes a également été mis en avant.

De plus le milieu familial peut être lui-même criminogène lorsqu'il admet des valeurs opposées à celles de la société. L'enfant peut aussi vouloir imiter des parents dont la conduite est agressive (violences familiales) ou qui ont un style de vie de délinquant. Il faut donc que non seulement l'enfant bénéficie d'un foyer mais encore que celui-ci soit stable.

Ci-dessous :
Aulnay-sous-Bois, une banlieue parmi tant d'autres, où en 1997 a été instauré, à l'instigation du maire, un couvre-feu interdisant aux mineurs de moins de douze ans de sortir seul après 23 h.

Les voisins et le quartier

L'influence du voisinage et de l'habitat a également des répercussions. La criminalité dans les grands centres urbains est plus importante qu'en milieu rural (*voir* pp. 54-55). L'inadaptation scolaire peut également entraîner des comportements répréhensibles dans la mesure où elle expose davantage au chômage et fragilise les individus. L'échec scolaire s'accompagne souvent d'absentéisme, ce qui augmente les occasions de transgresser la loi.

Le milieu occasionnel

L'absence de foyer personnel, de vie de couple paraît avoir une influence sur la délinquance puisque l'on constate que la proportion des célibataires est plus importante parmi les condamnés que dans la population globale. Il faut cependant être prudent dans le maniement de cette donnée car il n'est pas certain que le fait d'avoir une famille freine les comportements criminels. L'absence de mariage ou d'enfants peut résulter en fait de l'inadaptation générale du délinquant à mener une vie sociale et familiale.

École et loisirs

L'absence de qualification professionnelle expose plus sûrement à la délinquance et elle compromet, en outre, les risques de réinsertion de l'individu après une première condamnation. Lorsqu'ils sont mal assumés, les loisirs jouent également un rôle. En effet, des études ont montré que plus de la moitié des voleurs récidivistes passaient leurs journées dans des cafés, des maisons de jeux, des centres commerciaux, etc. À l'inverse, l'exercice d'une activité manuelle, artistique ou sportive freine les comportements délictueux. C'est la raison pour laquelle l'accent a été mis sur l'apprentissage d'un sport pour les jeunes afin d'augmenter les chances d'une meilleure insertion sociale.

Mais les manifestations sportives peuvent aussi occasionner des violences (hooliganisme, affaire du stade du Heysel en 1985).

La prison

Enfin, le milieu subi (c'est-à-dire le milieu dans lequel se trouve le délinquant après qu'il a été jugé et condamné) peut avoir une influence sur l'individu. En un mot, la prison est-elle criminogène ? Cette question a été largement abordée par la criminologie radicale des années 1960 et par la théorie de la stigmatisation (*voir* pp. 10-11). On a surtout discuté de l'effet criminogène des courtes peines de prison. Mais le point n'a pas été réellement tranché. En outre, on a fait observer qu'il n'était pas possible de se passer des peines d'emprisonnement, courtes ou longues.

En fait, le problème principal porte sur la façon dont la peine se passe. Les conditions souvent déplorables de détention ont contribué à alimenter ce débat.

Théorie des associations différentielles

Pour le professeur Edwin Sutherland, le comportement criminel résulte d'un processus d'apprentissage où les relations personnelles jouent un rôle important. Un individu devient criminel lorsque, dans son milieu social, les interprétations défavorables à la loi (modèles criminels) l'emportent sur les interprétations favorables (modèles anticriminels).

Les causes expliquant le phénomène criminel ne sont pas seulement internes à l'individu. Les conditions de vie, l'éducation ou l'apprentissage de la vie jouent également un rôle important.

La mentalité criminelle

Au-delà des facteurs susceptibles de favoriser l'acte criminel, l'attention des criminologues s'est focalisée sur la personnalité du délinquant.

Facteurs prédisposant au crime et personnalité

La criminologie s'est toujours interrogée sur la personnalité du délinquant. Elle lui a d'ailleurs consacré pendant longtemps l'essentiel de ses travaux.

Cesare Lombroso (1836-1909) fut un des premiers à se pencher sur les signes qui distingueraient le criminel des autres individus.

À l'heure actuelle, les spécialistes font la différence entre la personnalité criminelle au moment du passage à l'acte (*voir* pp. 24-25) et les facteurs qui ont façonné antérieurement cette personnalité et qui prédisposent au crime (*voir* pp. 18 à 21). On peut ainsi en conclure que si des facteurs divers peuvent expliquer l'acte criminel, des traits de personnalité spécifiques caractérisent cependant les délinquants, notamment ceux qui ont l'habitude de se livrer à la délinquance. Afin de ne pas compliquer outre mesure le problème, nous retiendrons essentiellement ici les travaux de l'éminent criminologue français, Jean Pinatel.

Le concept de personnalité criminelle

En se fondant sur le concept de personnalité criminelle, on peut constater que le criminel ne se distingue pas foncièrement des autres individus, à l'exception d'une plus grande aptitude à passer à l'acte et une personnalité spécifique acquise au fil des années (jusqu'à vingt-cinq ans environ).

Cette personnalité spécifique est due à la réunion de certains traits qui caractérisent pratiquement tous les criminels. Ces traits sont différents des caractéristiques ataviques dégagées par Lombroso et que l'on retrouverait chez le criminel-né. Ici, c'est la personnalité dans son ensemble qui est prise en compte.

> **Le concept de personnalité criminelle**
>
> Il était utilisé couramment lors du IIe Congrès international de criminologie de Paris (1950) avant d'être critiqué par la criminologie de la réaction sociale, mais sans que cela ait entraîné son abandon total. Les éléments de la personnalité criminelle sont constants. Ce qui change selon les auteurs, c'est leur agencement et leur recoupement.

Le noyau central

Les traits qui caractérisent d'une façon permanente les délinquants sont au nombre de quatre et remplissent chacun une fonction bien précise. Ils forment le noyau central de la personnalité criminelle, élaborée par Jean Pinatel.

Il s'agit de l'égocentrisme, qui neutralise chez le délinquant le sentiment de honte attaché à l'acte criminel. De l'agressivité, qui lui permet de résoudre les difficultés d'exécution.

De la labilité (ou instabilité du comportement) qui lui fait ignorer la menace de la peine. Enfin de l'indifférence affective, qui écarte la répugnance émotionnelle que pourrait susciter l'accomplissement d'un acte contraire à la loi.

La réunion de ces quatre traits chez un individu favorise la commission d'actes criminels.

Les traits variables

D'autres traits peuvent être relevés mais ils ne possèdent pas le même caractère d'universalité.

Ils concernent l'activité et les aptitudes des individus (physiques, intellectuelles, techniques) ou leurs besoins (nutritifs, sexuels). Ce sont des variantes de la personnalité et ils influent sur les modalités de l'acte commis (délits violents, d'astuce), sur la fin recherchée ou sur les raisons apparentes du passage à l'acte. Les quatre traits distingués par le professeur Pinatel se retrouvent dans pratiquement toutes les études sur les délinquants, alors que les autres sont variables d'un individu à l'autre.

> Si des facteurs divers peuvent conduire à la délinquance, un certain nombre de traits bien précis caractérisent la personnalité du criminel. Ces traits entraînent plus facilement la commission d'actes criminels.

Le passage à l'acte

Quel processus conduit à l'action criminelle ? Plusieurs théories ont été avancées pour expliquer l'avancée inexorable vers le crime.

Le processus de passage à l'acte

L'acte criminel est l'aboutissement d'un processus dynamique qui se développe au travers d'une série d'étapes. Chaque nouvelle avancée n'est pas entièrement déterminée par l'état existant précédemment. Tant que l'acte illégal n'est pas commis, un autre choix est toujours possible. Il dépend de la situation dans laquelle se trouve l'individu et est fonction de sa personnalité. Le passage à l'acte n'est pas inéluctable.

Dévalorisation de la victime et injustice

Étienne De Greeff

On peut dire que ce médecin psychiatre a dominé la criminologie contemporaine même si son rayonnement fut de courte durée. Son œuvre est considérable et diverse (littéraire, philosophique, psychiatrique) et ses recherches sur le processus du passage à l'acte et sur le crime passionnel sont brillantes.

D'après Étienne De Greeff (1898-1961), l'un des pionniers de la théorie du passage à l'acte criminel, il existe des impulsions agressives chez tous les individus mais qui peuvent être raisonnées et maîtrisées. Le futur délinquant, lui, dans une situation conflictuelle ou à l'approche du passage à l'acte réagit autrement et ne tente pas d'expliquer, de raisonner à la place d'autrui. Dans la plupart des cas, il en vient plutôt à déconsidérer autrui, à le dévaloriser. En conséquence, la disparition de l'autre ou l'atteinte à ses biens lui apparaît comme un juste retour des choses. Ce processus de dévalorisation de la victime n'est pas spécifique au crime et se retrouve dans la propagande politique, idéologique (nazie, notamment), etc., où l'adversaire est totalement déconsidéré.

Ainsi pour le voleur, sa victime potentielle est-elle « coupable », coupable de posséder. Dans le crime passionnel, l'être autrefois chéri est accablé de tous les défauts de la création. La victime mérite donc ce qui lui arrive, ou du moins, n'est pas à plaindre.

Délinquants d'habitude et occasionnels

Chez le non-délinquant, au moment du passage à l'acte délictueux, se produit une inhibition qui le fait renoncer à toute réponse illégale (par exemple, par souci de sécurité ou par souci du scandale). Au contraire, chez le délinquant, cette inhibition n'existe pas ou très faiblement. Il faut toutefois distinguer deux catégories de délinquants. La première comprend les délinquants d'habitude qui se livrent d'une manière permanente à la délinquance et à laquelle appartiennent les récidivistes, les inadaptés sociaux et les instables. La seconde catégorie concerne les délinquants occasionnels qui commettent des actes délictueux lors d'une réaction instinctive à un sentiment d'injustice subie.

Les délinquants d'habitude

Ils se caractérisent principalement par l'absence de morale personnelle et d'engagement de durée. Il est extrêmement difficile de les amener à changer d'attitude.

L'occasion fait parfois le larron

Une situation particulière dans laquelle est placé un individu peut entraîner aussi des attitudes délinquantes. C'est le fait, par exemple, de trouver par terre un portefeuille et d'en garder l'argent. Là, c'est l'occasion qui induit l'acte illégal, d'où, pour le médecin suédois Olaf Kindberg, l'importance des situations précriminelles. En effet, c'est en fonction de sa personnalité et de son vécu que l'individu choisira d'enfreindre la loi ou de s'en abstenir.

La théorie économique du crime

D'autres chercheurs, comme Maurice Cusson notamment, ont vu dans l'action criminelle un choix opéré entre une activité illégale mais plus rémunératrice, et une activité permise mais moins avantageuse. Dans cette optique, le nombre en augmentation des infractions est expliqué par la vulnérabilité des « cibles », c'est-à-dire des victimes. Cette vulnérabilité serait rendue plus importante par les conditions de vie modernes (inoccupation d'habitation, isolement des personnes, etc.).

Folie meurtrière ?

La folie peut expliquer certains comportements antisociaux mais la plupart des criminels ne sont pas atteints d'une maladie mentale définie comme telle par la psychiatrie (névroses, psychoses, etc.).

Dans les années 1950, les Américains forgèrent le concept de sociopathe qui désigne un individu malade mais en terme de conformité sociale et culturelle. Un certain nombre de tueurs en série sont considérés comme des sociopathes (*voir* pp. 28-29).

L'étude du processus du passage à l'acte est extrêmement importante dans la compréhension du phénomène criminel. La personnalité de l'auteur et la situation dans laquelle il se trouve au moment où l'acte délictueux est commis ont permis d'éclairer ce processus.

Les atteintes à la vie

Si les crimes enflamment l'imagination du public, ils sont en fait peu nombreux. Ils n'en demeurent pas moins les actes les plus graves commis contre l'intégrité d'autrui.

Meurtres et assassinats

Parmi les atteintes à la vie d'autrui, terme générique employé par le Code pénal, on peut distinguer le meurtre, l'homicide, qui est le fait de donner volontairement la mort à autrui (la nature de l'arme employée – arme à feu, couteau, cordelette, etc. – important peu). Lorsqu'il a été prémédité, le meurtre devient un assassinat.

Le mobile* n'a aucune influence sur le caractère criminel des faits, tous les meurtres sont des crimes. Le mobile peut cependant être pris en compte dans l'octroi de circonstances atténuantes (cas de l'euthanasie par exemple). Les criminels passionnels ont longtemps joui d'un préjugé plus favorable que les autres meurtriers et les verdicts de cours d'assises se sont montrés généralement moins sévères (sauf lorsque le crime était prémédité).

L'empoisonnement

L'empoisonnement est un cas particulier d'homicide volontaire dans le Code pénal. D'une façon classique, il est considéré comme le crime féminin par excellence, bien que les hommes y aient aussi souvent recours. Certaines périodes sont plus «empoisonneuses» que d'autres, telle la Rome des Borgia, le siècle de Louis XIV, qui voit fleurir de célèbres empoisonneuses (la Brinvilliers et la Voisin), ou encore le milieu du XIXe siècle. L'empoisonnement a longtemps été puni d'une manière plus sévère que le meurtre ordinaire. Deux raisons peuvent expliquer ce statut particulier de l'empoisonnement. La première tient à la difficulté de le déceler; l'arsenic par exemple, n'a ni goût ni odeur. Des experts y ont presque laissé leur réputation (tel Béroud, premier expert de l'affaire Marie Besnard) alors que

---

Deux célèbres assassins français

L'appât du gain est un des mobiles criminels les plus puissants. Landru et le Dr Petiot firent miroiter à leurs nombreuses victimes (Petiot en a revendiqué 63 mais fut jugé pour 27 meurtres) soit un mariage, soit un passage clandestin à l'étranger pour s'emparer de leurs fortunes ou de leurs économies. Ils furent tous deux condamnés à mort et exécutés, Landru le 25 février 1922, Petiot le 25 mai 1945.

Sida et empoisonnement

Dans une affaire récente, une personne en avait mordu une autre jusqu'au sang en lui disant: « *J'ai le sida, tu vas crever aussi* ». Le tribunal correctionnel de Mulhouse a retenu là l'intention de donner la mort par empoisonnement (6 février 1992).

d'autres s'y sont illustrés avec brio (Orfila, expert dans le procès de Marie Lafarge, en 1840). Dernièrement, l'affaire dite de « la Josacyne empoisonnée » a montré de nouveau les difficultés à obtenir des preuves certaines. D'autre part, les relations parfois nouées par l'empoisonneur avec sa victime, souvent de la même famille, impressionent défavorablement l'opinion publique : en effet cette proximité suggère machiavélisme et sournoiserie.

La façon dont le criminel joue aussi au chat et à la souris avec sa victime est également bien connue en criminologie, l'empoisonnant un jour, la soignant le lendemain.

Marie Besnard
Petite bourgeoise de Loudun, elle fut accusée d'avoir empoisonné son mari et douze autres membres de sa famille. Son procès à répétition (de 1949 à 1961) donna lieu à une bataille d'experts sur la présence ou non d'arsenic dans le corps des victimes. Elle fut finalement acquittée au bénéfice du doute en 1962.

Nouvelles difficultés concernant l'empoisonnement

Pour juger une affaire d'empoisonnement, il convient de s'interroger sur la volonté réelle de l'empoisonneur. Sans intention de donner la mort à autrui, il ne peut y avoir empoisonnement. En conséquence, peut-il y avoir empoisonnement dans la conscience d'un risque de contamination (affaire dite « du sang contaminé »)? En principe, la réponse est non puisque l'auteur doit avoir eu connaissance de l'effet mortel des substances administrées et avoir agi dans l'intention de donner la mort à autrui. Mais la mise en examen récente pour empoisonnement de hauts responsables semble avoir modifié cette réponse classique. Seule la suite de cette procédure pourra indiquer dans quelle voie entendent s'orienter les juges.

Les crimes contre la vie d'autrui provoquent un émoi légitime dans l'opinion publique. La mort par empoisonnement se distingue toutefois des autres homicides. Elle est traitée à part dans le Code pénal.

Crimes sexuels et *serial killers*

Les agressions sexuelles sont des infractions très anciennes, mais depuis la fin du XIXe siècle un nouveau phénomène a pris de l'ampleur : celui des tueurs en série, ou *serial killers*.

Viol, pédophilie et inceste

Les infractions sexuelles les plus graves (le viol notamment) sont considérées par le Code pénal comme des agressions contre l'intégrité physique d'une personne. D'autres infractions sexuelles, telle l'exhibition sexuelle, constituent des comportements sociaux déviants réprouvés, et sont moins réprimées. Depuis peu, le harcèlement sexuel a été érigé en infraction. Les infractions sexuelles ont longtemps été des agressions dont on ne parlait pas. Ce n'est qu'après une véritable campagne de presse et l'acharnement du mouvement féministe (alors en pleine expansion) que le tabou qui pesait sur le viol fut levé. Le même processus semble débuter avec la pédophilie. Mais à l'exception de certains faits divers retentissants comme l'affaire Dutroux, un silence impressionnant entoure encore ce type d'actes. De même, si on parle maintenant plus facilement de réseaux de prostitution infantile, il n'en reste pas moins que peu d'entre eux jusqu'à présent ont été démantelés. Pour les mêmes raisons, la situation réelle de l'inceste est également difficile à appréhender : silence, environnement familial fermé, peur du scandale. C'est d'autant plus dramatique que dans les cas d'agressions sexuelles, les répercussions physiques et psychologiques sur les victimes sont extrêmement importantes. En France, en dix ans, les infractions aux mœurs ont augmenté de 40 %. Sur 4 600 violeurs emprisonnés, 2 850 le sont pour viol sur enfant.

Le phénomène des tueurs en série

Les tueurs en série sont considérés comme des agresseurs sexuels même si parfois aucune symbolique sexuelle n'entre dans leurs actes. Relativement peu connus il y

---

La sanction de l'inceste et de la pédophilie

L'inceste et la pédophilie ne sont pas définis en tant que tels par le Code pénal. Le parent incestueux, le père dans l'écrasante majorité des cas, et le pédophile sont poursuivis et jugés pour viol ou agression sexuelle sur mineur. Les peines criminelles encourues sont celles habituellement appliquées pour ce type d'acte (réclusion criminelle à perpétuité ou à temps).

Obsession

« *Les serial killers sont obsédés par leurs fantasmes, et leur tentative de passer du fantasme à la réalité, par un acte inachevé pourrait-on dire, se traduit par l'obligation de reproduire ce même acte jusqu'à ce qu'il colle parfaitement au fantasme. Voilà le sens profond du terme serial killer.* »
Robert Ressler

a encore quelques années, les tueurs en série sont devenus – surtout aux États-Unis – un phénomène de société. Depuis la fin du XIXe siècle et les sinistres exploits de Jack l'Éventreur, ce phénomène est allé en s'accélérant et le nombre de *serial killers* n'a cessé d'augmenter.

Caractéristiques des tueurs en série

Il ressort des différentes études menées par le FBI* que le *serial killer* est, dans la majorité des cas, de sexe masculin, de race blanche, jeune (la plupart ont déjà tué à plusieurs reprises avant d'avoir trente ans) et souvent intelligent. Les tueurs en série éprouvent des fantasmes morbides et sexuels depuis l'enfance et un certain nombre d'entre eux se sont révélés être des bourreaux d'animaux. À des degrés divers, d'autres constantes se retrouvent : dysfonctionnements familiaux importants, existence d'abus sexuels commis sur eux dans leur enfance.

À la poursuite des tueurs en série

À Quantico (Virginie), un organisme a été spécialement créé au sein du FBI, le NCAVC*, qui comprend deux programmes. D'une part, le VICAP* qui est un système informatique destiné à collecter et à analyser les données concernant les crimes violents. D'autre part, un programme d'analyse psychologique du criminel, dénommé le *profilage*. L'Angleterre a elle aussi mis au point un programme de lutte contre les tueurs en série, le HOLMES. Et le Canada a créé le CIP.

Le *profilage*
C'est une sorte de portrait-robot du tueur recherché, mis au point par les agents du FBI spécialistes de ce procédé et dénommés *profilers* (« profileurs »). Ce portrait est établi au vu de l'examen de la scène du crime, des habitudes de la victime et de l'enquête de police.

Ci-dessous : Jeffrey Dahmer, un *serial killer* américain, surnommé le « boucher de Milwaukee ».

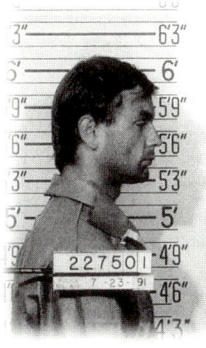 

Les agressions sexuelles sont de plusieurs sortes. Des tabous encore forts entourent la pédophilie et l'inceste. Phénomènes récents, les tueurs en série sont parmi les agresseurs sexuels les plus dangereux.

La criminalité en col blanc

Battant en brèche certaines idées reçues sur la criminalité, un concept nouveau a émergé au XXᵉ siècle : le crime en col blanc.

Un concept moderne

Dans les années 1930, le criminologue américain Edwin Sutherland s'est intéressé à ce type de délinquance et en a popularisé la dénomination. Les crimes en col blanc sont des infractions commises par des personnes d'un rang souvent élevé dans l'exercice de leurs fonctions mais dont on ne retrouve pas forcément trace dans les chiffres officiels de la justice. Le domaine est assez large et peut aussi recouvrir les fraudes commises par les assureurs et par les établissements financiers. Le concept de crime en col blanc a connu une popularité extraordinaire.

Crimes en col blanc et criminalité d'affaires

Le crime en col blanc a souvent été assimilé à la criminalité d'affaires. Or, il convient de distinguer de ces criminels, l'entrepreneur qui s'est laissé aller à confondre les fonds de la société qu'il a créée avec les siens propres (abus de biens sociaux, *voir* ci-contre) ou celui qui s'est embourbé dans un crédit trop important et a réagi par des traites de cavalerie. Ceux-là agissent occasionnellement et ne sont pas à assimiler à ceux qui ne montent que des affaires commerciales véreuses ou aux fraudeurs multirécidivistes de toutes sortes (banqueroutes frauduleuses, infractions fiscales ou douanières, prix illicites, etc.).

> **Abus de biens sociaux**
>
> Infraction que commettent des dirigeants de société qui, de mauvaise foi, font des biens ou du crédit de la société qu'il dirige un usage qu'ils savent contraire à l'intérêt de celle-ci. Cela dans leur intérêt personnel ou pour favoriser une autre société (dans laquelle ils sont intéressés). La répression des abus de biens sociaux est prévue par les art. 425-4 et 437-3 du Code pénal.

Des criminels « super »-adaptés

Le criminel en col blanc se distingue du criminel ordinaire par son hyperadaptation sociale alors que le second, du fait de son incapacité à exercer un métier d'une manière stable, demeure un inadapté social.

Habile et très organisé, le criminel en col blanc est moins souvent repéré et condamné ; ce qui a amené certains auteurs, tel le philosophe Michel Foucault (1926-1984), à suspecter la police et la justice d'une trop grande bienveillance à leur égard.

En revanche, certains traits, comme l'agressivité, la labilité, l'égocentrisme ou l'indifférence affective, le rapprochent du délinquant ordinaire.

Le criminel en col blanc doit être également distingué du délinquant qui appartient comme lui à un rang socialement élevé mais qui ne viole qu'occasionnellement les règles de sa profession (médecins, notaires, fonctionnaires indélicats) ou qui a enfreint une loi de droit commun, non rattachée à sa fonction (par exemple un médecin qui commet un abandon de famille* ou un fonctionnaire qui roule en état d'ébriété).

Nouveau bînome : aisance et criminalité ?

Le fait que des individus socialement très adaptés peuvent avoir un comportement criminel amène à se poser des questions sur les causes de la criminalité.

Jusqu'alors la criminalité était souvent considérée comme le fait de citoyens « déficients » et qui ne parvenaient pas à trouver leur place dans la société.

Or le délinquant en col blanc démontre que les actes criminels peuvent avoir d'autres sources que la pauvreté et la marginalité.

On voit également dans ce type de criminalité l'exploration de nouvelles sources d'infractions dues au développement des techniques commerciales ou financières.

La criminalité évolue donc aussi avec les progrès techniques (fraude informatique, par exemple).

Des fichiers révélateurs

C'est en étudiant les fichiers de soixante-dix des plus grandes corporations commerciales américaines qu'Edwin Sutherland a découvert le crime en col blanc. Ces fichiers lui ont appris que toutes ces corporations avaient violé les règles du commerce et ce avec une fréquence rapprochée.

> La criminalité n'est pas l'apanage d'individus pauvres et inadaptés. Elle peut aussi résulter des agissements de citoyens socialement élevés qui voient dans l'utilisation de moyens illicites la possibilité d'accroître leur rang ou leur fortune.

Les trafiquants

L'esclavage comme trafic et son utilisation plus particulière à des fins sexuelles – la prostitution – remontent à plus la haute Antiquité. Depuis plusieurs dizaines d'années, un autre trafic a pris de l'ampleur, celui des stupéfiants.

L'esclavage

L'esclavage en tant que tel (vente d'êtres humains) a disparu de la plupart de nos sociétés modernes. Mais il peut parfois subsister sous la forme d'un travail obligatoire, souvent clandestin et de longue durée. Dans les pays du tiers-monde, il existe une servitude pour dettes qui oblige des individus à travailler pour régler une dette contractée à des taux usuraires vertigineux.

Le travail des enfants (même très jeunes) demeure également dans de nombreux pays – principalement du tiers-monde – une réalité. Il est la conséquence de la misère et du sous-développement.

Le trafic d'êtres humains

Le trafic d'êtres humains en vue de leur exploitation sexuelle est universellement répandu et concerne toutes les formes de prostitution, qu'elle soit féminine, masculine ou enfantine. À cela s'ajoute le «tourisme sexuel» – même si les autochtones demeurent les plus grands consommateurs de ces réseaux.

La prostitution enfantine, en constante augmentation, s'apparente souvent à de l'esclavage. Les réseaux de pédophiles se greffent en outre sur les trafics de stupéfiants qui disposent de moyens importants pour se livrer à ces actes illicites.

La lutte contre ce type d'actes est assez malaisée et les chiffres sur leur volume réel, fragmentaires et peu précis. Cette situation s'explique par les difficultés juridiques et policières rencontrées pour poursuivre des actes commis sur le territoire de plusieurs États. Par ailleurs, les pays peuvent avoir des conceptions différentes de la prostitution (adulte ou enfantine),

Les tours opérateurs du sexe réagissent

Les pays du Sud-Est asiatique s'étant montrés plus fermes dans la répression de la prostitution enfantine, les «sex-tours» ont actuellement comme destination principale l'Amérique latine, les Caraïbes et les nouvelles démocraties des pays de l'Est.

Les Essentiels Milan | Définitions | Explications | Aspects

qui n'entraînent pas les mêmes réactions. Enfin, l'existence d'une corruption importante facilite le jeu de ces réseaux.

Trafic de stupéfiants

En France, en raison de sa dangerosité, le trafic de stupéfiants est sévèrement réprimé.
Depuis 1970 environ, on peut noter un alourdissement de sa répression et un raidissement des règles de procédure pénale visant à mieux poursuivre les trafiquants. Le simple consommateur est traité moins rigoureusement.

> **Un nouveau délit**
> Le blanchiment de l'argent de la drogue a été érigé en délit autonome (art. 228-38 du Code pénal).

Ce trafic est devenu depuis plusieurs années déjà le trafic qui rapporte le plus d'argent. Il constitue la première source de financement du crime organisé (*voir* pp. 34-35). Il est particulièrement difficile à contrôler en raison des problèmes de frontières propres à chaque État. En outre, les plantes dont sont issues les drogues sont souvent cultivées dans des régions sous-développées où les administrations en place sont encore trop insuffisantes pour les contrôler.
De plus, ces cultures illicites représentent une source de financement important pour de nombreux paysans déshérités. L'obstacle économique se greffe alors au manque de moyens judiciaires.

> **Un marché plus que rentable**
>
> Le marché nord-américain de stupéfiants représente un chiffre d'affaires annuel de 49 milliards de dollars (245 milliards de francs).
> Il est approvisionné en grande partie par les cartels mexicains de la drogue qui fournissent à eux seuls 70 % de la cocaïne et 50 % du cannabis.

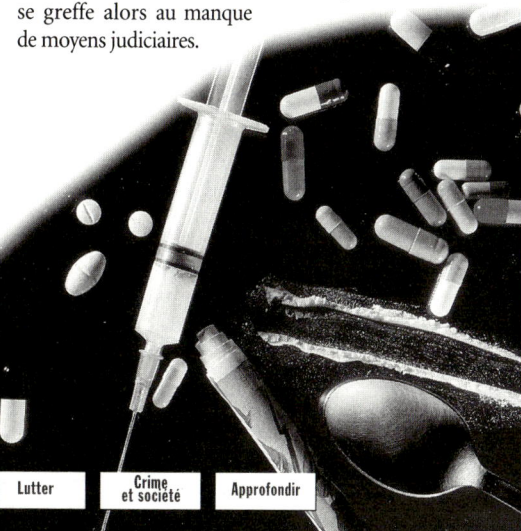

> Des trafics de toutes sortes continuent d'être pratiqués dans le monde. En raison des bénéfices qu'il génère, le trafic de stupéfiants est devenu le premier d'entre eux. Mais les réseaux de prostitution continuent, eux aussi, à prospérer.

Lutter | Crime et société | Approfondir

Le crime

Les organisations criminelles

La criminalité organisée, ou association de malfaiteurs, est une composante de nos sociétés et a des répercussions au-delà des frontières de chaque État.

Qu'est-ce qu'une mafia ?

Les traits spécifiques d'une mafia sont les suivants : position centrale de la famille, caractère initiatique de l'adhésion, respect de la tradition, culture de la mort, prééminence de l'ordre mafieux sur l'individu.

Criminalité organisée et mafias

Dans l'esprit populaire, ces deux termes sont interchangeables. Le terme de criminalité organisée est cependant plus vaste et englobe le concept de mafia. Il désigne toute société criminelle, internationale ou non, formée en vue de la commission d'un ou plusieurs crimes ou délits graves (art. 450-1 du Code pénal).

Il semble que les organisations criminelles se constituent pour l'essentiel dans des sociétés en difficulté ou en proie à des troubles momentanés (Russie). Certains y ont vu l'irrésistible besoin de protection et d'ordre d'une population déboussolée. Par ailleurs, la grande criminalité devient pour les individus les plus défavorisés une voie d'ascension sociale.

Tour du monde des organisations criminelles

Lorsque l'on parle de mafia, on pense immédiatement à l'Italie mais de nombreux autres pays ont aussi leurs groupes mafieux : cartels sud-américains, yakusas japonais, triades chinoises, gangs américains, mafia turque, etc. Ces dernières années, la plus grande partie de l'argent amassé par ces organisations provient du trafic de stupéfiants.

Et en France ?

Si la France n'a pas de structure mafieuse au sens strict, les tentatives d'infiltration par de tels groupes sont bien réelles et, en 1992, l'Assemblée nationale a désigné une commission d'enquête, présidée par M. François d'Aubert, sur « *les moyens de lutter contre les tentatives de pénétration de la mafia en France* ».

Les armes de la mafia : corruption et violence

Si les mafias sont puissantes et infiltrent les États, elles n'entendent pas se substituer à eux. Mais pragmatiques, elles savent que le meilleur moyen pour obtenir des décisions qui leur soient favorables reste la corruption (qu'elle vise un fonctionnaire ou un homme politique). Elles peuvent, par exemple, aider un homme politique en contrôlant le nombre des voix (à Palerme, l'organisation mafieuse *Cosa Nostra* détient 180 000 voix sur un total de 697 000 habitants), ou en lui fournissant l'argent de sa campagne électorale. La corruption peut atteindre les plus hauts sommets de l'État (cas du général Noriega au Panama).

En contrepartie, ces organisations exigent des marchés publics, la nomination d'une personne de leur choix, ou encore le déplacement de magistrats ou de fonctionnaires gênants – l'éventail est large.

En cas de nécessité, les mafias n'hésitent pas à recourir à la menace ou à la violence pour éliminer des membres rivaux ou des « gêneurs » (assassinat du juge italien Falcone en mai 1992).

Le blanchiment de l'argent sale

La richesse des mafias est une réalité même s'il est difficile de connaître exactement leur puissance financière. On parle de 1 000 milliards de dollars (5 000 milliards de francs) de chiffre d'affaires, soit plus de trois fois le budget de la France.

Mais comme l'argent disponible est pour l'essentiel illégal (drogue, prostitution, etc.), il leur faut le transformer en puissance économique susceptible d'être utilisée pour d'autres opérations. C'est la technique dite de blanchiment de l'argent, qui consiste à réinjecter ces sommes dans le système bancaire afin de pouvoir le réutiliser.

Manuel Noriega

Cet ancien dictateur du Panama fut accusé d'être un gros trafiquant de drogue. Abandonné par la CIA pour laquelle il travaillait, il a été chassé du pouvoir par les Américains en 1989 et emprisonné aux États-Unis en 1990.

Ci-dessous :
En mars 1985, un attentat mafieux contre le juge Palerma fait trois victimes, une femme et deux enfants.

> Les organisations criminelles, de type mafieux ou non, sont devenues une réalité de nos sociétés. Leurs méthodes et la masse d'argent qu'elles brassent les rendent dangereuses, aussi bien pour la vie des individus que pour l'économie des États.

Le terrorisme ou le règne de la terreur

Pendant la seconde moitié du XXe siècle, instaurant un véritable règne de la terreur, les détournements d'avion, prises d'otage ou attentats à la bombe sont devenus des pratiques courantes.

Le concept de terrorisme

Il a été introduit dans le droit français par la loi du 9 septembre 1986. C'est le but poursuivi qui confère aux actes commis le caractère de terrorisme (art. 422-1, 1° al. du Code pénal).

Une nouvelle forme de guerre

Le terrorisme est caractérisé par des violences commises par un ou plusieurs individus contre des victimes – choisies arbitrairement au sein d'une population (diplomates, policiers ou simples citoyens) – pour affirmer un pouvoir et faire pression sur les autorités d'un État en faisant régner la terreur. Cela explique la commission d'actes spectaculaires qui frappent l'imagination, et montre la détermination et la force apparente de leurs auteurs. Le terrorisme rejoint dans ce cas la guérilla, ou guerre de harcèlement.

Les détournements d'avion sont devenus de terribles moyens de pression. *Ci-dessous :* Prise d'assaut par le GIGN d'un airbus d'Air France détourné par un commando islamiste du GIA (décembre 1994).

Actualité du terrorisme

Si le terrorisme apparaît comme une forme d'action moderne, on en trouve toutefois un certain nombre d'exemples dans le passé, comme avec les anarchistes du siècle dernier. On peut cependant considérer que

le terrorisme contemporain a commencé à frapper après la Seconde Guerre mondiale. Les théâtres d'action se sont étendus de l'Europe au reste du monde et l'action des différents groupes s'est intensifiée. Si ces terroristes modernes ont des idéologies différentes, leurs buts et moyens sont restés les mêmes. Ce qui, en revanche, est une nouveauté, c'est la multiplication de ces actes, leur caractère de plus en plus spectaculaire et l'importance qu'ils ont pris dans nos sociétés.

Les nouvelles techniques comme l'aviation ont été également rapidement investies par les terroristes (détournements d'avions).

Le terrorisme : quel but ?

Tout terrorisme affirme un idéal, un but suprême à atteindre. Toutes les revendications peuvent servir de fondement à ce type d'actions (lutte contre le capitalisme, revendications raciales, sociales, etc.). Il vaut donc mieux parler d'« idéologie » que de but seulement politique. Il a été possible de distinguer trois grands groupes de terroristes.

Tout d'abord les groupes dits *révolutionnaires radicaux*, qui se réclament d'une idéologie qui peut être de droite, de gauche, ou anarchiste. Leur but est de déstabiliser la société et de provoquer un vif sentiment d'insécurité susceptible, à terme, d'entraîner un mouvement révolutionnaire dont ils prendraient la tête (bande à Baader en Allemagne, Action directe en France, Brigades rouges en Italie).

Puis les mouvements indépendantistes ou de libération qui revendiquent, eux, l'indépendance d'un pays ou d'une contrée. C'est le cas de l'IRA (*Irish Republican Army*, « Armée républicaine irlandaise ») en Irlande, ou de l'ETA (*Euskadi ta Askatasuna*, « Pays basque et liberté ») en Espagne.

Enfin, ces divers mouvements peuvent être soutenus par certains États (Lybie, Iran...), réputés *États terroristes*. Leur but est de gêner les gouvernements étrangers soit par idéologie, soit en vue d'une négociation particulière. À ce niveau, il est difficile de mesurer l'importance de la manipulation opérée par ces États sur les groupes en question.

La législation française sur le terrorisme

Elle s'est élaborée graduellement, le plus souvent sous les feux d'une actualité dramatique. Elle se veut une réponse pragmatique aux problèmes de prévention et de répression de ce nouveau type de criminalité.

L'arme des faibles

Le terrorisme est un moyen offensif utilisé dans un pays en paix, ce qui rend sa maîtrise difficile. Son utilisation a pour but d'impressionner et de surprendre l'adversaire et de pallier la faiblesse de ses propres effectifs et moyens.

Le terrorisme international est une des caractéristiques principales de la criminalité du XXe siècle. Même s'il n'est pas nouveau à proprement parler, son impact médiatique lui a conféré une plus grande actualité.

Le crime contre l'humanité

Le crime contre l'humanité est considéré comme un crime « hors du commun » dont l'importance symbolique est considérable.

Prescription de l'action publique

Principe de droit pénal en vertu duquel l'écoulement d'un certain délai prévu par la loi (fixé à dix ans pour les crimes, trois ans pour les délits et un an pour les contraventions) entraîne l'extinction de l'action publique et empêche les poursuites.
Le crime contre l'humanité, en raison de sa gravité est, lui, imprescriptible.

Le procès de Nuremberg eut lieu de 1945 à 1946. Les accusations portaient sur des crimes de guerre et des crimes contre la paix et contre l'humanité. On peut voir (*ci-dessous*), les nazis Goering, Hess et Ribbentrop.

Premiers pas vers un nouveau droit

Au XIXe siècle, les guerres qui déchirent l'Europe entraînent l'amorce d'un droit de la guerre par lequel les États veulent convenir de « limites » à ne pas dépasser (les conventions de Genève, signées le 22 août 1864, pour l'amélioration du sort des militaires blessés sur les champs de bataille en sont un exemple). Pourtant, les deux conflits mondiaux qui se sont succédé au XXe siècle font la cruelle démonstration de l'absence de respect de ces règles.

Historique du crime contre l'humanité

Les millions de morts et les destructions de masse causés par la Seconde Guerre mondiale entraînèrent la nécessité de punir ceux qui ne respectent pas individuellement « les lois et coutumes de la guerre » mais aussi les responsables de l'engagement de leur pays dans des guerres d'agression (crime contre la paix) ou ceux qui s'écartent des lois de la guerre (crime de guerre). L'idée de sanctionner ceux qui sacrifient ou privent de leur dignité des populations sous leur contrôle (crime contre l'humanité) prit corps également. Deux tribunaux internationaux, siégeant à Nuremberg (en Allemagne) et à Tokyo (au Japon) furent créés mais ils ne fonctionnèrent plus après la Seconde Guerre mondiale. Un tribunal international, à

La Haye (aux Pays-Bas), fut institué pour juger les criminels de guerre de l'ex-Yougoslavie.

Notion de crime contre l'humanité

Le crime contre l'humanité est placé en tête du Code pénal et fait l'objet d'un titre spécifique (art. 211-1 à 213-5), ce qui montre son importance. Le crime contre l'humanité est considéré comme un crime hors du commun dont l'anormalité même le rend imprescriptible (loi du 26 décembre 1964). Il vise deux catégories spécifiques de comportement. Le génocide (extermination d'un peuple, d'un groupe ethnique) d'une part, et la déportation, la réduction en esclavage, la pratique massive et systématique d'exécutions sommaires ou d'enlèvement de population, d'autre part.

Une intention particulière

Selon la décision habituellement retenue par la Cour de cassation, il faut que ces actes inhumains et ces persécutions, accomplis au nom d'un État pratiquant une politique d'hégémonie idéologique, aient été commis d'une façon systématique. Et cela, non seulement contre des personnes en raison de leur appartenance à une collectivité raciale ou religieuse, mais aussi contre des adversaires de cette idéologie, quelle que soit la forme de leur opposition. Comme l'accord de Londres (art. 6 c) prévoyait que les jugements s'appliquerait aux personnes ayant agi «pour le compte des pays de l'Axe» – coalition formée, lors de la Seconde Guerre mondiale, par l'Allemagne, l'Italie et le Japon –, des crimes commis en Indochine ont été écartés comme ne relevant pas du crime contre l'humanité (affaire Bourdarel). La même difficulté surgit dans l'affaire Paul Touvier, un milicien ayant commis des crimes sous l'Occupation. Dans un premier temps, la cour d'appel de Paris a refusé de voir dans ces actes un crime contre l'humanité, faute de référence dans l'État français de l'époque (gouvernement de Vichy) à une politique d'hégémonie idéologique (13 avril 1992). La Cour de cassation* est revenue partiellement sur cet arrêt mais en considérant que ces crimes avaient été commis sur l'instigation de la Gestapo, qui elle, servait un pays de l'Axe (arrêt du 27 novembre 1992).

Une notion qui évolue

La notion juridique de crime contre l'humanité a évolué au fil de certaines affaires. La Cour de cassation décidera que l'internement de résistants en camp de concentration entre dans cette appellation (affaire Klaus Barbie).

L'affaire Bourdarel

Jean Bourdarel, Français passé à l'ennemi au cours de la guerre d'Indochine, a été accusé d'avoir torturé psychologiquement des compatriotes prisonniers du Viêt-minh.

> Le crime contre l'humanité est considéré comme un crime extrêmement grave, ce qui le rend imprescriptible. Notion apparue après la Seconde Guerre mondiale, elle a, depuis, fait son entrée dans le Code pénal français.

Statistiques et estimations

Pour combattre la criminalité et élaborer les politiques criminelles adéquates, il faut que les autorités connaissent précisément le volume et la nature des infractions commises. Dans ce but, l'utilisation des statistiques a été généralisée.

Une réalité incertaine

Pour mesurer la criminalité, en un siècle, la statistique est devenue le principal instrument de mesure.

Elle n'est cependant pas fiable à 100 %, dans la mesure où elle ne prend en compte que les faits qui se laissent comptabiliser.

De plus, les interprétations concernant ces chiffres peuvent être erronées ou contradictoires. Mais en dépit de ses imperfections et de ses limites, la statistique joue un rôle essentiel dans la perception que nous avons de la criminalité.

Criminalité apparente et criminalité légale

La masse des infractions connues repose sur les statistiques officielles émises par la police, la gendarmerie et la justice. C'est la criminalité apparente.

La criminalité légale est constituée par l'ensemble des décisions rendues par les cours et tribunaux français statuant en matière répressive. Ces statistiques permettent d'apprécier le fonctionnement des organes de poursuite et de justice et d'évaluer l'efficacité des politiques criminelles.

Le chiffre noir de la criminalité

Différentes études et techniques (enquêtes de victimisation, auto-confession…) ont montré que le chiffre réel de la criminalité est plus important que celui qui ressort des statistiques officielles. On parlera de chiffre noir de la criminalité (*dark number*), qui correspond à la criminalité cachée. En effet, tous les actes illégaux ne sont pas dénoncés par la population.

Les enquêtes d'auto-confession

Elles consistent à interroger un certain nombre de personnes sur les délits commis par elles ou par leur entourage (quelles qu'en aient été les suites judiciaires). Elles reposent donc sur les aveux de leurs auteurs.

Ce problème n'est pas propre à la France et se rencontre dans d'autres pays.

Le chiffre noir pose des problèmes certains à ceux qui se préoccupent de la prévention et de la répression de la criminalité car ils n'ont, dès lors, qu'une vue partielle du phénomène criminel. Il nuit également au crédit des politiques criminelles mises en place.

Impunité...

Le chiffre noir de la criminalité fait la démonstration qu'un nombre indéterminé de délinquants bénéficient d'une impunité certaine.

Volume de la criminalité apparente			
Année	Nombre de faits constatés	Population française	Taux pour 1 000 habitants
1975	1 912 327	52 699 169	36,29
1980	2 627 508	53 731 387	48,90
1985	3 579 194	55 062 478	65,00
1990	3 492 712	56 614 493	61,69

Évolution des faits constatés par la police judiciaire.
Source : INSEE

Le chiffre noir : quel volume ?

Si on ne connaît pas précisément l'ampleur de ce phénomène, on peut vraisemblablement penser qu'il est important mais qu'il concerne essentiellement des faits de moindre gravité. En effet, les crimes de sang et les infractions très graves sont portés systématiquement à la connaissance des autorités. Il faut cependant nuancer ce propos en ce qui concerne les agressions sexuelles et les actes de pédophilie. Là, le chiffre noir semble relativement important. Au contraire, certains faits sont plus souvent dénoncés du fait, par exemple, du fonctionnement des assurances (obligation de porter plainte pour être indemnisé).

Le pourquoi du chiffre noir

Le fait de ne pas porter plainte a plusieurs causes. Tout d'abord, il peut s'agir d'une plus grande tolérance de la population envers certains actes mineurs tels que le vandalisme léger ou les vols de faible importance. Ensuite cette non-dénonciation peut être favorisée par une méfiance vis-à-vis des organes de poursuite et par le manque d'efficacité supposé de la police.

En matière de lutte contre la criminalité, la mesure de la criminalité est une nécessité pour les autorités. Mais les statistiques officielles ne reflètent qu'imparfaitement la réalité, d'autant qu'une partie des infractions commises n'est pas dénoncée par les particuliers.

Le système pénal français

L'évolution des idées et les exigences de la répression et de la prévention ont transformé lentement la justice pénale pour aboutir à celle que nous connaissons actuellement.

Principe dit de légalité

Ce principe impose au juge de ne retenir que des actes qui ont fait l'objet d'une incrimination par la loi. Une personne ne peut pas être poursuivie pour un fait non prévu ni sanctionné par la loi. Ce principe a été consacré par la Déclaration des droits de l'homme de 1789 et par le Conseil constitutionnel (art. 5 et 8).

De la vengeance privée à la vengeance publique

Le système pénal actuel est le fruit d'une longue évolution. À l'origine, l'État n'étant pas suffisamment fort et stable, l'action répressive se confond avec la vengeance privée. C'est la famille, le clan ou l'individu offensés qui exercent la vengeance. La centralisation du pouvoir politique et son affermissement va déplacer ce pouvoir et c'est dorénavant la société qui agit à la place de la victime. La conséquence directe en est que la répression et la peine vont passer dans le domaine public, mais le principe d'assurer une vengeance demeure.

Prévention et proportionnalité

Une autre idée va s'imposer lentement. À la répression s'ajoute le besoin de prévenir tout acte pouvant troubler l'ordre social. Cette prévention sera fondée avant tout sur la crainte. En effet, par le choix de châtiments sévères et publics (la roue, la décollation, l'écartellement, la mutilation...), on cherche à intimider les éventuels fauteurs de troubles. En Europe, la pensée chrétienne met l'accent sur l'idée de proportionner la sanction à l'étendue du dommage subi et prône la responsabilité individuelle. L'amendement du coupable est aussi recherché, et non plus uniquement sa punition. Pour cela, l'Église préfère l'emprisonnement et le travail dans les monastères. De là va naître l'idée de notre système pénitentiaire.

Organisation de la justice pénale

Les contraventions (infractions* les plus légères) sont jugées devant le tribunal de police. Les délits passent devant le tribunal correctionnel et les crimes sont jugés par les cours d'assises. Les mineurs sont du ressort du tribunal pour enfants et de la cour d'assises pour mineurs.

La naissance d'une contestation

La grande sévérité des châtiments, l'arbitraire et l'inégalité de la justice monarchique vont entraîner, au XVIIIe siècle, un puissant courant philosophique de contestation – mené entre autre par Bentham (1748-1832), Montesquieu (1689-1755), Rousseau (1712-1778) et Voltaire (1694-1778). Mais l'influence la plus durable est celle du marquis italien Cesare de Beccaria (1738-1794), économiste et juriste, dont le *Traité des délits et des peines* (1764) marque les esprits de l'époque, notamment ceux des législateurs de la Révolution française de 1789.

L'État, qui a le pouvoir de punir, ne peut exercer ses prérogatives que dans les limites de la loi, «expression de la volonté populaire». D'où va découler le principe de légalité des délits et des peines*.

Les incriminations doivent désormais être fixées par la loi et ne peuvent résulter de l'arbitraire de la puissance publique ou des magistrats. La peine doit aussi être utilitaire et avoir pour but de prévenir de nouveaux crimes.

Dernières évolutions et tendances

Ces règles, fixées dans le Code pénal de 1810, vont demeurer stables pendant de longues années et survivre à plusieurs tentatives de refonte.

C'est surtout à partir de 1945 que surviennent toute une série de réformes, attestant de l'opposition vivace entre le droit pénal dit classique et la Défense sociale nouvelle (créée par le magistrat français Marc Ancel), mouvement humaniste de politique criminelle, désireux d'intégrer peine et mesure de resocialisation. Dans cet esprit, des mesures ont été prises pour assurer une meilleure réinsertion des délinquants et éviter l'emprisonnement pour les cas les moins graves (travail d'intérêt général, sursis avec mise à l'épreuve...). En effet, pour ce mouvement des techniques de substitution à l'emprisonnement doivent être intégrées dans le système, en fonction de la personnalité de l'individu et de son âge (ordonnance du 2 février 1945 sur les mineurs délinquants).

Le système pénal

La réaction de la société face à la criminalité est organisée selon un ensemble de procédures et d'institutions appelées système pénal.

La justice pénale est passée du stade de la vengeance privée à celui de la vengeance publique, avant d'être assurée par l'État en fonction d'impératifs de légalité, d'efficacité et de prévention.

Police et gendarmerie

La police judiciaire est un auxiliaire extrêmement important de la justice pénale. Elle joue un rôle primordial lors de l'enquête et de l'instruction.

Le rôle des services de police

Ils sont chargés de constater les infractions à la loi, de rassembler les preuves et d'en chercher les auteurs. C'est la police également qui éclaire le ministère public, lequel pourra alors apprécier s'il y a lieu ou non de poursuivre l'affaire en cours.

Si une information est ouverte, la police judiciaire seconde cette fois-ci le juge d'instruction. Sous son contrôle, elle continue l'enquête.

Les différentes actions menées

Deux formes d'enquête sont menées par les forces de police. D'une part, les enquêtes dites d'infraction de flagrance*.

Dans ce cas précis, la police a des pouvoirs plus larges puisqu'il lui faut agir très vite avant que les preuves disparaissent.

D'autre part, les enquêtes dites préliminaires, qui peuvent être menées d'office ou à la demande du ministère public.

Au cours de ces deux types d'enquête, les policiers, ou les gendarmes (si l'infraction relève de leur compétence territoriale) peuvent mener les investigations suivantes : transport sur les lieux de l'infraction et conservation des preuves, perquisitions et saisies, garde à vue et auditions des témoins.

Quelques chiffres

En 1995, le budget du ministère de l'Intérieur avoisinait les 80 MF. Un tiers environ de ce budget était alloué à la police nationale.
La gendarmerie, elle, disposait de 20,29 MF.

Les Essentiels Milan | Définition | Explications | Aspects

Une efficacité moindre

Le taux d'élucidation des affaires par la police n'a cessé de décroître en France ces dernières années. Si l'on se penche sur les chiffres des cambriolages, une des infractions les plus traumatisantes pour la population, on peut observer que le taux de réussite de la police a considérablement diminué (il est passé de 49,27 % en 1973 à 32,91 % en 1992).

En conséquence, la confiance de la population dans sa police a considérablement diminué, ce qui a renforcé un sentiment d'insécurité latent.

> **Des forces de l'ordre bicéphales**
>
> À l'exception de la police municipale, les services de police dépendent de l'État. Deux corps sont à distinguer : la police, qui dépend du ministère de l'Intérieur, et la gendarmerie, qui relève du ministère de la Défense.

Une action parfois contestée

La police se voit contestée par une partie des citoyens et il n'est pas rare qu'elle soit gênée dans ses activités : infractions qui ne sont pas dénoncées, interpellations empêchées par la foule.

Dans ces derniers cas, se greffent aussi des conflits de culture (*voir* pp. 54-55) qui l'opposent à certains groupes de la société qui ne reconnaissent pas son autorité.

De plus, la police ne suit pas toujours assez rapidement les évolutions de la société. Elle se trouve parfois décalée voire désarmée face aux nouvelles techniques (développement d'Internet par exemple). Il lui faut un certain temps d'adaptation, préjudiciable à son efficacité.

En conséquence, le désarroi d'une partie de la population s'est reporté sur les forces de police, souvent confrontées à des situations difficiles, à des conditions de travail pénibles et qui vivent alors moins bien cette crise sociale. Le nombre de suicides dans la police atteste ce malaise.

> La police judiciaire et la gendarmerie concourent à établir la réalité des infractions et à en rechercher les auteurs. Comme la justice, elles subissent de plein fouet la crise qui affecte l'ensemble des institutions sociales.

Les auxiliaires scientifiques

L'appel à des techniques susceptibles d'aider les policiers dans le déroulement d'une enquête a été de nombreuses fois décrit dans les romans policiers. C'est la criminalistique qui remplit ce rôle.

Principe dit de Locard

Le Pr Edmond Locard émit le principe de l'échange permanent de l'homme et de son milieu ambiant, cet échange étant accéléré lors d'un acte criminel. En conséquence, un criminel apporte avec lui, sur les lieux du crime, des éléments dont il est le vecteur : traces de pas, fibres de vêtements, etc. En sens inverse, il ramène avec lui, à son insu, des éléments trouvés sur place : cheveux ou sang de la victime, etc.

Bertillon et le « bertillonage »

Mis au point par Alphonse Bertillon, le « bertillonage » était une technique destinée à ficher tous les malfaiteurs arrêtés en fonction de leurs caractéristiques physiques. Procédé important à l'époque, il fut détrôné par la découverte des empreintes digitales.

Les policiers de laboratoire entrent en scène

La criminalistique concerne directement la recherche des infractions et le déroulement de la procédure judiciaire. En ce sens, elle apporte un concours précieux à la justice. La criminalistique regroupe les techniques d'investigation policières et les sciences d'investigation visant à élucider les crimes et en connaître le déroulement exact. Chronologiquement, elles interviennent après la commission d'une infraction.

La police technique

Cette dénomination date de 1937, avec la création d'une école et d'un brevet de police technique au sein de la préfecture de police de Paris. Il s'agit de l'ensemble de méthodes et de technologies qui, sur les lieux de l'infraction, visent à constater le crime commis, à connaître exactement son mode opératoire et à rassembler et conserver les indices découverts sur place. Dans ce cadre, les policiers de l'Identité judiciaire ou les gendarmes techniciens en identification criminelle (TIC) prélèvent et conservent tout élément qui leur paraît susceptible d'être exploité au cours de l'enquête.

La police scientifique

L'étape suivante est constituée par le travail de la police scientifique. Celle-ci vise à analyser et à exploiter les indices relevés en vue d'obtenir une preuve exploitable au cours de l'enquête. Ces opérations sont généralement réalisées au sein d'un laboratoire. Il peut arriver cependant que ces analyses aient lieu en même temps que le prélèvement des indices. C'est ce qui arrive par exemple lorsqu'il s'agit de rechercher des empreintes sur un cadavre sans que le corps soit déplacé. Les techniciens de la police scientifique vont alors sur les lieux pour mener à bien leur tâche.

Approches de quelques techniques

La médecine légale permet de connaître les causes d'un décès, le moment où il s'est produit, la nature de l'arme employée ou encore la distance à laquelle des coups de feu ont été tirés.

Son utilisation détermine aussi, dans les affaires de mœurs, s'il y a eu viol ou uniquement attentat à la pudeur ou encore si un infanticide a été commis. Il ne s'agit ici que de quelques exemples montrant son importance.

De nombreuses techniques sont employées dont il n'est pas possible de dresser l'énumération complète. Nous citerons la balistique, qui est l'étude de tout ce qui a trait aux armes, la toxicologie légale, qui permet de rechercher toute trace de produits toxiques, la dactyloscopie ou technique des empreintes digitales ou encore la recherche d'ADN dans le sang et le sperme notamment.

Ci-dessus :

**Le laboratoire de la police scientifique de Paris.
À l'écran on peut voir des traces de TNT, DNT et nitroglycérine.**

> Afin de lutter contre le crime, on emploie un certain nombre de techniques, policières et scientifiques. Elles sont regroupées sous le nom de criminalistique.

Lutter | Crime et société | Approfondir

Le crime

La mutation des valeurs

Depuis un quart de siècle, les sociétés occidentales ont connu des mutations profondes ainsi que plusieurs crises. L'influence de ces évolutions sur la criminalité n'a pas manqué de susciter des interrogations.

> « Un puissant raz-de-marée est en train de déferler sur une grande partie de la terre, créant un nouvel environnement, souvent bizarre, qui affecte le travail, les distractions, la vie du couple, l'éducation des enfants, le sort des retraités (...). Les systèmes de valeurs craquent et s'écroulent tandis que ces chaloupes de sauvetage que sont la famille, l'Église et l'État s'entrechoquent sur une mer démontée. »
> Alvin Toffler, *La Troisième Vague*, 1980.

Le poids des crises économiques

Le poids des crises économiques sur la criminalité (krach de 1929 notamment) a été étudié mais sans que l'on ait pu noter une influence directe sur le volume de la criminalité. Les difficultés économiques que connaissent les pays occidentaux depuis 1973 sont considérées par les économistes comme les conséquences d'une mutation technologique profonde («le choc du futur», pour reprendre l'expression célèbre du futurologue Alvin Toffler) plutôt que comme une crise réelle. L'existence d'un lien direct entre le chômage et la criminalité est très discutée mais sans qu'aucune tendance nette se dégage des dernières études. Ce point n'a pas encore été réellement tranché.

Mutations sociales et criminalité

Certains chercheurs, tel le Pr Jeschek, voient dans l'augmentation rapide de la criminalité dans les pays industrialisés, la conséquence des mutations profondes de ces sociétés. Sous l'impulsion des sciences sociales et de l'évolution des mœurs, on considère actuellement que l'homme est plus aliéné par un certain nombre de déterminismes économiques et sociaux que libre d'agir comme il le désire. De ce fait, il existe une tendance à rechercher dans la société elle-même la cause des déséquilibres individuels. Toutefois les caractères anciens et universels du phénomène criminel nuancent ce propos.

Quelles valeurs ?

Ce qui est certain, c'est que les mutations importantes qui touchent nos sociétés modifient les préoccupations de la population et ont une influence sur les valeurs à défendre. La perception de la criminalité par la population en est naturellement affectée. Le système de justice pénale a été fondé au XIXe siècle, à une époque où le modèle de société et la morale dominante étaient différents. En conséquence, ce système ne pouvait que vaciller sous l'action des mutations rapides qui ont affecté les sociétés occidentales au cours des cinquante dernières années. L'industrialisation galopante, les nouvelles techniques et les changements d'ordre moral ont modifié le rôle de la famille, des femmes, et des diverses institutions sociales. Un consensus se dégage plus difficilement quant aux valeurs à protéger et entraîne une attitude plus ou moins bienveillante envers certains comportements nouveaux. Par exemple le barrage des routes par les routiers pour défendre un intérêt corporatif est approuvé par certains et condamné par d'autres, la décriminalisation de l'avortement continue d'être combattu par des petits groupes, ou encore la contrefaçon de marques n'est pas unanimement désapprouvée par la population qui en profite. Ce problème peut être aggravé par des conflits de culture (*voir* pp. 50-51). L'intégration sociale s'affaiblit et le monde moderne apparaît à certains individus comme trop incertain, source de grand désarroi. Certains futurologues voient dans ces changements l'émergence d'une nouvelle civilisation qui a commencé à remplacer les valeurs et les modes de vie de l'ancienne.

Évolution des mentalités

En outre, la population éprouve des aspirations contradictoires. D'une part, elle ressent un besoin plus vif de sécurité et dans cette optique, la délinquance, mais également le risque même (aussi bien d'un crime que d'un accident jugé inacceptable), lui sont devenus presque intolérables. D'autre part, on a pu constater une demande importante de liberté supplémentaire, notamment dans la sphère de la vie privée, et une modification du rapport aux biens et aux loisirs, davantage convoités. Ces désirs contradictoires rendent naturellement plus difficiles pour les pouvoirs publics l'appréhension et la maîtrise de la criminalité. Les lois pénales doivent s'adapter constamment à l'évolution des sociétés. Dans le cas contraire, le fossé entre les préoccupations majeures de la population et le système pénal risque de se creuser et d'entraîner une multiplication de comportements situés à la limite de la loi.

> Les mutations sociales affectant une société ont une influence sur la criminalité en raison des répercussions qu'elles ont sur les mentalités et des nouvelles aspirations de la population.

Les banlieues : la haine

La criminalité des villes est plus importante que celle des campagnes. Mais à l'intérieur des cités, des quartiers sont plus fortement touchés par la délinquance.

Conflits de culture
Le Pr Sellin part du constat que dans une société donnée, seules les valeurs qui intéressent le groupe dominant sont consacrées par la loi pénale. Cependant, l'existence au sein de la société de différentes minorités, dont les valeurs sont parfois différentes, entraînent avec le groupe dominant des conflits de culture.

Quartiers en danger

La criminalité qui sévit à l'intérieur des villes est répartie géographiquement de manière inégale et l'on constate l'existence de zones plus criminogènes que d'autres. À ce titre, les modes d'urbanisation ont été critiqués, notamment celui des grands ensembles immobiliers déshumanisés. Ces « aires de délinquances », comme les dénomment en 1942 les Américains Shaw et Mc Kay, sont marquées par une détérioration des conditions de vie sociales et matérielles et constituent un réservoir important de délinquants.

Les études les plus récentes ont montré que les jeunes délinquants proviennent en majorité d'immeubles collectifs, mais ce qui est surtout dénoncé, c'est le style de vie qui s'y développe. Le voisinage joue un rôle important et l'on constate la formation de bandes d'enfants ou d'adolescents – issus généralement d'un sous-prolétariat – et dont le point commun est la méfiance et l'hostilité envers les autres sous-groupes de la société.

L'enfer est pavé de bonnes intentions...
Aussi paradoxal que cela puisse paraître, les grands ensembles d'habitation ont permis à la France de résoudre ses problèmes de logement (devenus aigus après la Seconde Guerre mondiale) et de sortir toute une partie de la populaton de la précarité.

Quelques remarques sur les banlieues

Les conséquences d'avoir installer en priorité des familles avec des enfants dans ces grands ensembles immobiliers, se sont révélées pour le moins désastreuses. Ces centres n'apportaient guère de distractions à ces enfants et à ces adolescents, dont les parents, en outre, étaient souvent absents, du fait de leur travail.

Actuellement, les jeunes couples (qui ont pris la suite de leurs parents) sont touchés par le chômage et des problèmes éducatifs demeurent – enfants livrés à eux-mêmes.

De plus, l'appel à une main-d'œuvre étrangère, logée dans ces banlieues, et qui connaît elle-même des problèmes d'adaptation spécifiques, freine encore le processus de socialisation de l'ensemble de cette population. L'immigration clandestine joue également un rôle, dans la mesure où les immigrés clandestins sont plus vulnérables aux occasions de délinquance du fait même de leur situation précaire.

Un mélange explosif

Actuellement, à cause du ralentissement de la croissance, de l'augmentation du chômage – qui frappe en priorité les jeunes sans qualification – la population de ces grands ensembles est touchée très durement. Presque 50 % de ces jeunes parvenus à l'âge de travailler sont au chômage.

Se sentant exclus et marginalisés, les jeunes des banlieues optent de plus en plus pour des actions violentes et un comportement délinquant. On assiste également depuis plusieurs années, selon le Pr Sellin, à l'instar de ce qui s'est produit aux États-Unis, à la montée de contre-cultures admettant et justifiant des conduites opposées à la norme générale.

Aires de délinquances

La criminalité est associée à la structure physique de la ville et les taux de délinquance sont plus élevés là où l'ordre social est désorganisé. Dans ces zones, où se regroupent les délinquants, les taux de chômage, de suicide, de familles dissociées ou de mortalité infantile sont plus élevés qu'ailleurs.

À l'intérieur des villes se sont installées de véritables zones de délinquance, marquées par la détérioration des conditions de vie et la montée de la violence.

Le sentiment d'insécurité

L'évolution des sociétés urbaines modernes et l'augmentation de la criminalité ont contribué au développement d'un sentiment d'insécurité.

Une peur inégalement ressentie

L'intensité du sentiment d'insécurité varie en fonction de critères socioculturels. Il ressort de différentes enquêtes que ce sont les classes moyennes qui y sont le plus sensibles. Cela vient généralement du fait qu'elles se sentent plus exposées que les autres à la criminalité (souvent à juste raison). Certaines professions comportent aussi plus de risques que d'autres : taxis, petits commerçants, bijoutiers...

La peur du crime est également inégalement ressentie selon le sexe et l'âge des personnes. Cette crainte est plus vivace chez les femmes et les personnes âgées, en raison essentiellement de leur plus grande vulnérabilité et d'un relatif isolement. Ce sentiment s'aggrave lorsque la personne cumule ces deux particularités (or, beaucoup de personnes âgées isolées sont des femmes).

Sentiment d'insécurité et types d'infraction

Ce sentiment peut enfin varier selon le type d'infractions. Ainsi, un grand nombre de citoyens redoutent surtout une agression contre leurs biens (vol de voiture, cambriolages) alors que d'autres actes, plus graves, sont perçus avec moins d'acuité. C'était le cas, il y a peu encore, du proxénétisme ou des mauvais traitements à enfants.

Autres causes

Le sentiment d'insécurité est ressenti par beaucoup comme étant inhérent à l'évolution de la société moderne. Les difficultés économiques, les inégalités sociales, l'attrait de l'argent accroissent aussi les inquiétudes de la population. Le taux d'élucidation d'affaires par la police, de moins en moins élevé, rend la popula-

---

Subjectivité

La peur du crime ne repose pas forcément sur des données réelles mais s'appuie sur un malaise diffus ressenti par la population.

tion plus inquiète quant à l'efficacité de ses institutions. Enfin, l'affaiblissement des valeurs morales et un individualisme plus visible ont été cités parmi les causes pouvant induire ce sentiment.

Mais aussi...
Les études montrent que les femmes craignent tout particulièrement les atteintes sexuelles mais également les vols à l'arraché et les agressions dans les parkings.

L'influence des médias

Une nouvelle interrogation est née de ces constats : les médias ont-ils une quelconque influence sur la perception qu'avait le public de la criminalité ?

À ce titre, le choix de l'information est fondamental. Ainsi, avant l'explosion des médias, un fait divers aurait eu un impact restreint. Alors qu'aujourd'hui, sa large diffusion accentue la crainte des personnes. Les médias imposent également une vision de l'activité criminelle qui ne correspond pas à la réalité et qui est le plus souvent fonction des attitudes et préjugés du public visé.

Mais il est vrai qu'ils peuvent contribuer aussi à une prise de conscience d'un danger réel, qui aurait pu être sous-estimé ou négligé : corruption, pédophilie, etc.

Le coût du crime

Les répercussions sont importantes puisque la population a tendance à modifier son style de vie : sorties nocturnes restreintes, précautions supplémentaires prises (alarmes, portes blindées, bombes lacrymogènes), etc.

Les études sur le coût du crime en France, effectuées depuis 1968 par le ministère de la Justice, confirment sa progression régulière. Les derniers travaux (1993) ont mis en évidence que les Français dépensent de plus en plus d'argent pour se protéger de la délinquance.

En outre, certaines infractions privent l'État d'un certain nombre de rentrées (en 1989, la fraude fiscale représentait 4 % du produit intérieur brut, soit environ 250 milliards).

Les sommes versées pour assurer la défense des prévenus et leur incarcération (prix de la journée d'incarcération : 250 F environ) ont également été mises en avant pour stigmatiser le montant des dépenses liées à la criminalité.

> La peur du crime, qui jusque-là avait été ignorée par les études de criminologie, est devenue depuis quelques années une donnée importante. Son intensité varie en fonction des classes sociales et de l'âge, mais dépend aussi du rôle des médias.

La crise de la justice pénale

Depuis plus de dix ans, il est de coutume de parler de crise de la justice pénale. Il est vrai que son fonctionnement actuel appelle de nombreuses interrogations.

La justice pénale
C'est l'ensemble formé par la police, les juridictions de jugement, les juridictions d'instruction, les juges d'application des peines et les administrations d'exécution des peines et des mesures de sûreté.

Un malaise généralisé et profond

La justice pénale n'est pas la seule institution (police, armée, éducation) à être touchée dans son fonctionnement et dans son essence. Le malaise actuel de la justice pénale correspond aussi à une incertitude générale de la société. Les moyens de contrôle social habituels (morale, coutumes, discipline, etc.) sont eux-mêmes mis à mal. Des valeurs sont moins unanimement acceptées. Aussi la crise de la société rejaillit-elle sur la justice pénale et les politiques criminelles mises en place.

Quelles finalités ?

Les finalités de la justice pénale ne sont pas admises d'une manière unanime. Si la majorité des citoyens voit dans l'aspect répressif de la justice pénale une protection, une minorité demande des peines plus douces et un meilleur traitement des délinquants. De plus, la multiplication des créations de nouvelles infractions – dues à la prise en compte de certains besoins comme le développement de l'informatique, l'apparition de nouvelles valeurs à protéger (l'antiracisme par exemple) ou l'intervention de l'État dans certains domaines comme l'urbanisme – a conduit à parler d'inflation pénale.

Cette tendance fait que les infractions sont plus difficiles à poursuivre car elles sont plus nombreuses et souvent de plus en plus techniques. En même temps on peut noter la décriminalisation* de certains comportements (l'avortement).

Pris entre ces deux tendances contradictoires (réprimer ou adoucir), les citoyens sont souvent ignorants des nouvelles incriminations ou même sont dépassés.

> « *Aucune des structures qui assuraient l'équilibre, la pérennité et la quiétude de nos sociétés, ne semble plus capable de jouer ce rôle. Le malaise est partout.* » Jacques Ruffié, *De la biologie à la culture.*

Un manque d'hommes et de moyens

Le manque de personnels et de moyens, dû notamment à la faiblesse du budget de la justice (en 1994, il s'élevait à 1,46 % du budget total de l'État), joue naturellement un rôle important dans la crise actuelle. Ainsi, le nombre de magistrats est à peu près le même qu'au début du siècle alors que la criminalité a augmenté dans des proportions importantes.

Une efficacité de plus en plus limitée

La conséquence directe de tout cela est l'efficacité de plus en plus limitée du système actuel alors que l'on assiste à un accroissement de la délinquance. L'opinion croit de moins en moins à la valeur de son système judiciaire – jugé généralement trop laxiste, partial et peu rapide.

En outre, la courbe des abandons de poursuite par la justice n'a cessé de s'élever. En 1980, sur 13 millions de plaintes et de procès-verbaux, 5,3 millions ont été classés sans suite. Il est vrai que la multiplication des infractions rend difficile leur absorption totale par le système judiciaire.

Ce manque d'efficacité se révèle également au niveau des mesures de réaction sociale, c'est-à-dire de l'ensemble des moyens utilisés pour lutter contre la criminalité.

Les études les plus récentes ont démontré là aussi l'impact limité des mesures utilisées et certains spécialistes (tel Maurice Cusson) ont même pu parler « d'effet zéro » du traitement choisi.

> La crise actuelle de la justice pénale est également le symptôme d'une crise plus générale qui affecte la société et qui tend à brouiller la perception qu'ont les citoyens du système judiciaire et des buts poursuivis.

Prévention ou répression

Contrôler et réduire la criminalité font partie des objectifs des gouvernements. Mais mettre en œuvre des politiques criminelles repose sur des choix de société. Va-t-on alors vers la prévention ou la répression ?

Mise en place du sursis

La peine peut ne pas s'appliquer. C'est le cas lorsque le juge prononce un sursis à l'exécution. Mais la peine demeure et figure sur le casier judiciaire. Il existe différentes formes de sursis : le sursis simple (la peine n'est pas exécutée si, dans un délai de cinq ans, le condamné ne récidive pas), le sursis avec mise à l'épreuve (accomplissement de mesures particulières : cures de désintoxication, paiement régulier d'une pension alimentaire en cas d'abandon de famille*...), et le sursis assorti d'un travail d'intérêt général.

Une politique criminelle pour quoi faire ?

Assurer la sécurité des citoyens incombe à l'État. Aussi ne faut-il pas s'étonner que les orientations données aux mesures de contrôle de la criminalité soient elles-mêmes sujettes aux idéologies en vigueur dans une société et aux circonstances qui conditionnent l'action des pouvoirs publics. L'élaboration d'une politique criminelle va donc bien au-delà des seules incriminations pénales, puisqu'elle doit organiser également la riposte pénale, fondée sur l'efficacité des mesures sélectionnées mais aussi sur les valeurs sociales à défendre.

Des choix empreints d'idéologie

Le choix des valeurs à défendre est depuis plusieurs années rendu plus difficile par l'évolution rapide, technologique et sociale que connaissent les sociétés occidentales (*voir* pp. 48-49). Il est donc nécessaire de tenir compte des nouvelles aspirations de la population pour élaborer une politique criminelle efficace. Sinon le risque est grand de voir s'élargir le fossé entre les gouvernants et les gouvernés. Ainsi des comportements punis jusqu'alors par la loi (avortement, pornographie) ont été décriminalisés* pour tenir compte de l'évolution de la société, alors que d'autres comportements criminels ont vu le jour (prise d'otage, terrorisme).

Un mouvement de balancier

Il ne faut donc pas s'étonner que les politiques criminelles aient suivi un mouvement de balancier qui les a conduites, au gré des circonstances, de la répression à la prévention, et inversement. Depuis 1945, la politique criminelle a été essentiellement orientée vers l'humanisme, tendance qui a été systématisée par le mouvement de la Défense sociale nouvelle. Mais l'aggravation et l'augmentation de la criminalité ont mis à mal ces politiques. En conséquence, de 1975 à 1981 environ, la tendance s'est inversée et on a assisté à la mise en place d'une politique plus répressive. En 1981, le gouvernement a souhaité revenir à la politique criminelle antérieure, jugée plus libérale. Depuis, les politiques criminelles varient en fonction des enjeux politiques et des élections. Dans un domaine aussi sensible, la politique et l'idéologie sont en effet prédominantes. À cet égard, les mesures adoptées se succèdent sans que leur impact soit réellement étudié.

« *... L'utilité de la peine n'est pas essentiellement dans l'action qu'elle exerce sur les criminels, elle l'est dans l'action qu'elle exerce sur la société elle-même.* »
Fauconnet.

Les limites de chaque politique

L'analyse des politiques mises en place permet de constater deux choses. D'une part, la répression semble avoir atteint ses limites car l'intimidation par la sanction encourue ne décourage plus suffisamment les délinquants. Et la récidive continue d'être importante. D'autre part, l'examen de l'efficacité des mesures de substitution à l'emprisonnement (probation, sursis avec mise à l'épreuve...) et de traitement des délinquants a montré leurs insuffisances. Ce qui ne fait qu'aggraver le désenchantement général. Aussi, devant l'augmentation de la criminalité et sous la pression populaire, la répression est-elle redevenue d'actualité. C'est d'ailleurs une tendance qui n'est pas uniquement propre à la France.

Ci-dessous, source : Cario (Robert), *Pour une approche globale et intégrée du phénomène criminel*, L'Harmattan, 1996.

Nature des peines prononcées en 1993

(Graphique à barres — Effectif selon la Nature de la peine : Réclusion criminelle, Peines d'emprisonnement, Peines d'amendes, Peines de substitution, Mesures éducatives, Dispense de peine)

Les résultats contradictoires obtenus dans la lutte contre la criminalité ont amené les gouvernants à hésiter entre la prévention, le traitement des délinquants et la répression. Les politiques criminelles mises en place depuis 1945 ont été l'objet de ces débats idéologiques.

De l'écrit à l'écran

La fascination que le crime exerce sur la société est visible par le succès que rencontrent les romans et les films policiers. Genre à part, riche, le policier couvre les différentes facettes du crime.

Un précurseur : Shakespeare

Le célèbre dramaturge utilisa à plusieurs reprises le meurtre comme ressort dramatique dans certaines de ses pièces les plus connues telles que *Hamlet* (1600), *Othello* (1604) ou *Macbeth* (1605).

Premiers regards sur le crime

Dès ses premières pièces, le théâtre s'est intéressé au crime soit comme sujet principal, soit en raison de ses répercussions sur les personnages (le *Macbeth* de Shakespeare en est un exemple). Mais il fallut attendre le XIXe siècle pour voir, dans des histoires policières, un détective mener une enquête complète. Depuis, la littérature policière a connu une évolution dans sa forme et dans son style que le cinéma a suivie fidèlement, adaptant d'ailleurs pratiquement tous les grands romans du genre.

Crime et petit écran

La télévision ne pouvait pas rester insensible aux affaires criminelles et on ne compte plus le nombre de séries policières. Comme pour les autres médias, tous les aspects du genre sont représentés : déduction pure (*Columbo*), action (*Starsky et Hutch*) ou histoires plus réalistes (*Navarro, New York Police Blues*).

Élémentaire, mon cher Watson !

Edgar Allan Poe (1809-1849) crée le premier détective moderne en la personne d'Auguste Dupin (*Double assassinat dans la rue Morgue*). À sa suite, l'Anglais Conan Doyle (1859-1930) invente le fameux personnage de Sherlock Holmes, devenu depuis un mythe. Doyle popularise le raisonnement logique – qui tient souvent de la divination aux yeux d'un Dr Watson ébloui – et l'appel aux techniques modernes d'investigation. Cette veine, axée sur la déduction, connaît une consécration ultérieure, notamment avec Agatha Christie (1891-1976), qui met en scène avec brio des intrigues parfaitement huilée. Hercule Poirot, son héros, est un peu le prolongement de Sherlock Holmes, pour ce qui concerne le raisonnement, mais il n'utilise pas la boxe anglaise et le chocolat chaud remplace le violon et la morphine !

L'art d'assassiner ou la moindre des choses

« Hammett a sorti le crime de son vase vénitien et l'a flanqué dans le ruisseau (…). Il a remis l'assassinat entre les mains des gens qui le commettent pour des raisons solides et non pour fournir un cadavre à l'auteur. »
Raymond Chandler.

Un nouvel univers très noir

À l'inverse des histoires aux énigmes classiques et qui se déroulent le plus souvent dans la bonne société, avec des personnages au langage châtié, Dashiell Hammett (1894-1961) électrise le roman policier avec un style décapant, parfois à la limite de l'argot, et projette ses protagonistes dans un univers plus réel et sordide (*Le Faucon maltais*). Grand admirateur de Hammett, Américain lui aussi, Raymond Chandler (1888-1959) crée le détective Philip Marlowe et utilise lui aussi, magistralement, des personnages troubles et un style très imagé – même si ses intrigues sont parfois confuses (*Le Grand Sommeil*). Dernièrement, James Ellroy a renouvelé le roman policier en plongeant ses lecteurs hébétés dans des intrigues particulièrement sombres où ses héros policiers sont à peine moins corrompus que les truands qu'ils pourchassent (*L.A. Confidential*). Le grand écran suit à peu près la même évolution et, dans les années 1930-1940, se développe le film noir, immortalisé par des acteurs comme Humphrey Bogart ou James Cagney. Mais les réalisateurs savent aussi faire preuve d'originalité comme Quentin Tarentino (*Pulp Fiction*) dont l'œuvre marque une nouvelle étape cinématographique dans ce genre.

Sur le fil du rasoir

Avec le policier et le criminel, un autre personnage occupe le devant de la scène, la victime qui a fort à faire pour échapper à un sort funeste. Le thriller connaît son apogée avec William Irish, considéré comme le maître du suspense (*La mariée était en noir*). Irish sait parfaitement jouer avec les émotions de ses lecteurs et ménager ses effets jusqu'au chapitre final. Au cinéma le maître est anglais et il s'appelle Alfred Hitchcock (1899-1980). Mary Higgins Clark se situe dans leur prolongement (*Le Renard*).

Humphrey Bogart, dans *Le Faucon maltais*, 1941.

Pour quelques psychopathes de plus

Psychose de Robert Bloch (né en 1917) – porté à l'écran par Hitchcock – nous entraîne dans la folie meurtrière d'un tueur en série. Mais c'est Thomas Harris et son célébrissime *Silence des agneaux* (réalisé au cinéma par Jonathan Demme) qui contribue à une nouvelle mode, aussi bien littéraire que cinématographique: la traque du tueur en série. À sa suite naissent toute une série de romans (ceux de Patricia Cornwell notamment) et de films (*Seven*), qui s'emparent de ce nouveau phénomène que représentent les *serial killers*.

> Depuis le début du siècle, la littérature puis le cinéma et la télévision n'ont cessé de refléter l'engouement de la population pour les histoires criminelles.

Lutter | **Crime et société** | Approfondir

Le crime 59

Glossaire

Abandon de famille : c'est le fait de ne pas régler une pension alimentaire en exécution d'une décision de justice ou de s'abstenir de notifier un changement d'adresse au créancier de ces pensions (art. 227-3 et 227-4 du Code pénal).

Abus de confiance : c'est l'acte, commis par une personne, de détourner, au préjudice d'autrui, des fonds, des valeurs ou un bien quelconque qui lui ont été remis et qu'elle a acceptés à charge de les rendre, de les représenter ou d'en faire un usage déterminé (art. 314-1 du nouveau Code pénal).

Anthropologie : ensemble des sciences qui étudient l'homme.

Contravention : infraction* dont l'auteur est puni par des peines contraventionnelles, qui sont l'amende (20 000 F au plus), certaines peines privatives ou restrictives de droit, et des peines complémentaires.
Les contraventions sont jugées par le tribunal de police.

Correctionnalisation : pratique qui consiste, pour les autorités judiciaires (ministère public ou juge d'instruction), à déférer devant les tribunaux correctionnels des infractions* constitutives d'un crime.

Cour de cassation : il s'agit de la juridiction la plus élevée de l'ordre judiciaire. Le Conseil d'État est la juridiction suprême des juridictions administratives.

Décriminalisation : procédé qui consiste à mettre hors de la compétence du système judiciaire un acte qui était jusqu'alors pénalement sanctionné (Pr Hulsman).
Il est à distinguer de la dépénalisation qui consiste à atténuer ou à supprimer la peine, ou encore à offrir le choix entre la peine et une mesure non pénale. Mais dans tous ces cas, l'acte continue d'être sanctionné.

Délit : infraction* dont l'auteur est punissable de peines correctionnelles, qui sont, pour les personnes physiques, l'emprisonnement (de 6 mois à 10 ans), l'amende, le travail d'intérêt général, des peines privatives ou restrictives de droit et des peines complémentaires.
Les délits sont jugés par le tribunal correctionnel.

Escroquerie : elle consiste à se faire remettre volontairement (à la différence du vol) un bien ou une valeur mais à la suite d'un moyen frauduleux (fausses qualités professionnelles, par exemple) ou d'une manœuvre habile. Elle est définie par l'art. 313-1 du nouveau Code pénal.

État dangereux : concept criminologique qui désigne la prédisposition d'un individu à la délinquance en fonction de deux facteurs : la capacité criminelle (qui est la perversité constante de l'individu) et l'adaptabilité (c'est-à-dire son degré de sociabilité).

FBI : *Federal Bureau of Investigation.* Police fédérale américaine qui couvre l'ensemble des États-Unis et qui intervient chaque fois qu'un crime concerne plusieurs États ou touche certaines infractions* particulières comme le terrorisme.

Infraction : il s'agit d'une action, ou omission, définie par la loi pénale et qui sanctionne son auteur de peines* strictement fixées par la loi.

Infractions dites de flagrance : ce sont des infractions* qui sont en train de se commettre ou qui viennent de se commettre.

Interpol : organisation de police internationale.

Mobile : il s'agit d'une motivation subjective, propre à l'auteur de l'acte illégal, qui détermine celui-ci à enfreindre la loi. En droit pénal, le principe est celui de l'indifférence des mobiles sous réserve pour le juge d'en tenir compte dans la détermination de la sanction pour l'octroi de circonstances atténuantes.

NCAVC : *National Center for the Analysis of Violent Crime,* ou Centre national pour l'analyse des crimes violents. Créé en 1984, sa mission

Les Essentiels Milan — Définition — Explications — Aspects

Glossaire (suite)

première est l'identification et la traque des tueurs en série.

Parquet : c'est le nom donné au ministère public attaché à une juridiction de l'ordre judiciaire. Le ministère public est l'ensemble des magistrats chargés de requérir l'application de la peine et de veiller aux intérêts généraux de la société.

Peine : sanctions infligées aux délinquants en rétribution des infractions* qu'ils commettent.

Peine de sûreté : la réclusion criminelle à perpétuité ou à temps peut comporter une mesure de sûreté. La durée de cette période est de la moitié de la peine et de dix-huit ans pour une réclusion à perpétuité. Tant qu'il n'a pas purgé cette peine de sûreté, le prisonnier ne peut pas sortir. Une loi du 1er février 1994 a institué, en cas d'assassinat ou de meurtres aggravés contre des mineurs de quinze ans, une « peine incompressible »,

la perpétuité perpétuelle en quelque sorte (art. 221-3 et 221-4 du Code pénal). La cour d'assises a alors le choix dans ces affaires entre prononcer une période de sûreté de 30 ans ou cette peine incompressible.

VICAP : *Violent Criminal Apprehension Program*, ou Programme pour l'arrestation des auteurs d'acte de violence. Il a été créé en 1985. Il entre dans le programme du NCAVC*.

Bibliographie

BOUILLON (Martine),
Viols d'ange, Calmann-Lévy, 1997.
Un ouvrage de référence sur la pédophilie, écrit par une magistrate spécialisée dans ce genre d'affaires. Sans voyeurisme aucun, ce livre n'esquive pourtant aucune question.

CAMPOS (Élisabeth), D. NOLANE (Richard),
Tueurs en série. Enquête sur les tueurs en série,
Plein Sud, 1995.
Le phénomène des tueurs en série traité dans tous ses aspects.

CAMPOS (Élisabeth),
Marie Besnard, l'Empoisonneuse,
Fleuve Noir, 1993.
Une des plus intrigantes et retentissantes affaires judiciaires.

CHARPIER (Frédéric),
Au cœur de la PJ. Enquête sur la police scientifique, Flammarion, 1997.
Ouvrage facile à lire, d'actualité et plein d'exemples.

CRETIN (Thierry),
Mafias du monde,
coll. « Criminalité Internationale »,
PUF, 1997.
Excellent ouvrage sur le poids des mafias dans le monde. Mais on aurait aimé quelques digressions sur les tentatives d'infiltration de la mafia en France.

DOUGLAS (John) et OLSHAKER (Mark),
Agent spécial du FBI,
Éditions du Rocher, 1997.
Les souvenirs de John Douglas sur les tueurs en série. C'est lui qui inspira le personnage de Jack Crawford dans les célébrissimes romans de Thomas Harris, *Dragon rouge* et *Le Silence des agneaux*.

FOMBONNE (Jacques), *La criminalistique,*
coll. « Que sais-je ? », PUF, 1996.
Excellent pour tout savoir sur des techniques familières aux amateurs de romans et de films policiers. Très didactique.

Bibliographie (suite)

GASSIN (Raymond), *Criminologie,*
3e édition, Précis Dalloz, 1994.
Un ouvrage de référence sur la criminologie
par un des spécialistes français
de cette discipline. Mais le livre s'adresse
prioritairement aux étudiants
et aux spécialistes.

MARTIN (Raymond),
Souvenirs d'un médecin légiste,
Calmann-Lévy, 1989.
Passionnant ouvrage de souvenirs
par un médecin légiste qui a connu
de grandes affaires judiciaires.

PINATEL (Jean),
Le phénomène criminel,
coll. « Le Monde de… », MA Éditions, 1987.
Excellent dictionnaire du phénomène
criminel mais trop souvent technique.

RAUFER (Xavier),
Terrorisme : maintenant la France ?,
Garnier, 1982.
Sur le terrorisme « rouge » par un spécialiste.

REOUVEN (René),
Dictionnaire des assassins,
Denoël, 1986.
Une galerie de monstres servie par un style
caustique. Très agréable à lire.

RESSLER (Robert),
Chasseur de tueur,
Presses de la Cité, 1993.
Un remarquable ouvrage sur les tueurs
en série par un ancien agent du FBI,
spécialisé dans la traque de ces assassins.
Facile à lire.

THORWALD (Jürgen),
La Grande Aventure de la criminologie,
Le Livre de Poche, 1967.
Un des premiers livres sur la police
scientifique. Un peu daté mais présentant
de nombreuses enquêtes du passé.

TOFFLER (Alvin),
La Troisième Vague, Denoël, 1983.
Par l'auteur du *Choc du futur.*
Pour tout savoir sur l'évolution des sociétés
occidentales modernes et l'émergence
d'une nouvelle civilisation.

VILLENEUVE (Charles) et PERET (Jean-Pierre),
Histoire secrète du terrorisme, Plon, 1987.
Excellent ouvrage sur le terrorisme.

WILSON (Colin), *Être assassin,*
Éditions Alain Moreau, 1972.
Une analyse des comportements criminels
au travers de nombreux exemples par un
auteur spécialisé dans le genre.
On lui doit notamment un remarquable
ouvrage sur l'histoire générale criminelle
de l'humanité, uniquement disponible
en anglais malheureusement, *A Criminal
History of Mankind*, Granada, 1984.

Index
Le numéro de renvoi correspond à la double page.

abus de confiance 16
Ancel (Marc) 42, 56
assassinat 4, 26, 34, 58
avortement 4, 54, 56

Beccaria (Cesare) 42
Béroud (Dr) 26
Bertillon (Alphonse) 46
Besnard (Marie) 26
Bloch (Robert) 58
Bourdarel 38

Chandler (Raymond) 58
Christie (Agatha) 58
Conan Doyle (Arthur) 58
Cornwell (Patricia) 58
crime en col blanc 14, 30
criminel-né 8, 10, 22
Cusson (Maurice) 24, 54

Défense sociale nouvelle 42, 56
De Greeff (Étienne) 24
Durkheim (Émile) 4, 10, 18, 20

école de Chicago 10
école italienne 8, 10
Ellroy (James) 58
empoisonnement 4, 6, 26
enquêtes de victimisation 12, 40
enquêtes d'auto-confession 40
escroquerie 16, 60
état dangereux 8

femmes (criminalité des) 14, 18
Ferri (Enrico) 8, 10, 16

Garofalo (Raffaele) 8
Gassin (Raymond) 10
Gurr (Ted) 16

Hammet (Dashiell) 58
Harris (Thomas) 58
Higgins Clark (Mary) 58
Hitchcock (Alfred) 58
hommes (criminalité des) 14, 18, 26
inceste 28

Irish (William) 58

Jack l'Éventreur 30
Jeschek (Pr) 48

Kindberg (Olaf) 24

Lacassagne (Alexandre) 6, 10
Landru (André-Désiré) 26
Lafarge (Marie) 26
Locard (Edmond) 46
Lombroso (Cesare) 8, 22

mafia 34
médiation pénale 12
Mendelshon 12
More (Thomas) 8

Noriega (Manuel) 32

Orfila (Matthieu-Joseph-Bonaventure) 26

pédophilie 28, 40, 52
Petiot (Dr Marcel) 26
Pinatel (Jean) 22
Poe (Edgar Allan) 58
politique criminelle 18, 42, 56

Sellin (Pr) 50
sentiment d'insécurité 16, 38, 44, 52
Shakespeare 58
Shaw et Mc Kay 50
stupéfiants 14, 16, 18, 32, 34
Shuterland (Edwin) 20, 30

Tarde (Gabriel) 10
Tarantino (Quentin) 58
terrorisme 38, 58
Toffler (Alvin) 48
trafic de drogue 6, 16, 32, 34
tueurs en série 24, 28, 58

victimologie 12
vol 6, 12, 14, 16, 24, 40, 52
von Hentig 12

Dans la même collection

1. Le cinéma
2. Les Français
3. Platon
4. Les métiers de la santé
5. L'ONU
6. La drogue
7. Le journalisme
8. La matière et la vie
9. Le sida
11. L'action humanitaire
12. Le roman policier
13. Mini-guide du citoyen
14. Créer son association
15. La publicité
16. Les métiers du cinéma
17. Paris
18. L'économie de la France
19. La bioéthique
20. Du cubisme au surréalisme
21. Le cerveau
22. Le racisme
23. Le multimédia
25. Les partis politiques
26. L'islam
27. Les métiers du marketing
28. Marcel Proust
29. La sexualité
30. Albert Camus
31. La photographie
32. Arthur Rimbaud
33. La radio
34. La psychanalyse
35. La préhistoire
36. Les droits des jeunes
37. Les bibliothèques
38. Le théâtre
39. L'immigration
40. La science-fiction
41. Les romantiques
42. Mini-guide de la justice
43. Réaliser un journal d'information
44. Cultures rock
45. La construction européenne
46. La philosophie
47. Les jeux Olympiques
48. François Mitterrand
49. Guide du collège
50. Guide du lycée
51. Les grandes écoles
52. La Chine aujourd'hui
53. Internet
54. La prostitution
55. Les sectes
56. Guide de la commune
57. Guide du département
58. Guide de la région
59. Le socialisme
60. Le jazz
61. La Yougoslavie, agonie d'un État
62. Le suicide
63. L'art contemporain
64. Les transports publics
65. Descartes
66. La bande dessinée
67. Les séries TV
68. Le nucléaire, progrès ou danger ?
69. Les francs-maçons
70. L'Afrique : un continent, des nations
71. L'argent
72. Les phénomènes paranormaux
73. L'extrême droite aujourd'hui
74. La liberté de la presse
75. Les philosophes anciens
76. Les philosophes modernes
77. Guy de Maupassant
78. Le bouddhisme
79. La cyberculture
80. Israël
81. La banque
82. La corrida
83. Guide de l'État
84. L'agriculture de la France
85. Argot, verlan, et tchatches
86. La psychologie de l'enfant
87. Le vin
88. Les OVNI
89. Le roman américain
90. Le jeu politique
91. L'urbanisme
93. Alfred Hitchcock
94. Le chocolat
95. Guide de l'Assemblée nationale
96. À quoi servent les mathématiques ?
97. Le Front national
98. Les philosophes contemporains
99. Pour en finir avec le chômage
101. Le problème corse
102. La sociologie
103. Les terrorismes
104. Les philosophes du Moyen Âge et de la Renaissance
106. Les mafias
107. De la Ve à la VIe république ?
109. Les grandes religions dans le monde
110. L'eau en danger ?
112. Mai 68, la révolution fiction
113. Les enfants maltraités
114. L'euro
115. Les médecines parallèles, un nouveau défi

Responsable éditorial
Bernard Garaude

Directeur de collection-Édition
Dominique Auzel

Secrétariat d'édition
Anne Vila

Correction – révision
Pierre Casanova

Iconographie
Sandrine Batlle

Conception graphique
Bruno Douin

Maquette
Exegraph

Infographies
Exegraph

Fabrication
Isabelle Gaudon
Aurore Cesses

Crédit photos
Cinémathèque de Toulouse :
pp. 3, 59 / Roger-Viollet : pp. 6, 9 /
Sygma : pp. 20, 28, 35, 36, 38, 47, 51 /
Archive Photos : pp. 27, 54 /
D. Chauvet : pp. 31, 43, 62.

Les erreurs ou omissions involontaires qui auraient pu subsister dans cet ouvrage malgré les soins et les contrôles de l'équipe de rédaction ne sauraient engager la responsabilité de l'éditeur.

© 1998 Éditions MILAN
**300, rue Léon-Joulin,
31101 Toulouse cedex 1 France**

Droits de traduction et de reproduction réservés pour tous les pays. Toute reproduction, même partielle, de cet ouvrage est interdite.
Une copie ou reproduction par quelque procédé que ce soit, photographie, microfilm, bande magnétique, disque ou autre, constitue une contrefaçon passible des peines prévues par la loi du 11 mars 1957 sur la protection des droits d'auteur.
Loi 49.956 du 16.07.1949

Aubin Imprimeur, 86240 Ligugé. — D.L. avril 1998. — Impr. P 55805